W0180776

»... die elysische Flur, wo ...
ruhiges Leben die Menschen
immer beseligt ...«

Homer – was wenn nicht die Kanaren
sollte der Dichter damit gemeint haben?

Liebe Leserinnen, liebe Leser!

Vielleicht kennen Sie die Kanarischen Inseln schon von einer oder mehreren Reisen und suchen nun ein neues Ziel oder möchten tatsächlich erstmals auf die „Glückseligen Inseln" reisen, wie Plinius sie nannte. Sie finden in diesem Band eine Fülle von Anregungen und werden ganz sicher das für Sie ideale Inselziel entdecken, sei es nun auf Gran Canaria, Teneriffa, den kleinen westlichen Kanaren oder auf den Sonneninseln Lanzarote und Fuerteventura.

Es geht auch anders ...

Wem schönes Wetter wichtig ist, wen der Trubel nicht stört, der findet im Süden von Teneriffa und Gran Canaria eine Fülle guter Hotels und Apartments und jede Menge Abwechslung. Aber es geht auch anders. In unserer neuen Rubrik „Unsere Favoriten" stellt Ihnen Jochen Müssig seine sechs Lieblingshotels auf den Kanaren vor (S. 80), in denen Sie garantiert landestypisch, rustikal und fernab des Massentourismus übernachten. Zudem gibt es auf La Palma, aber auch auf den anderen Inseln eine Vielzahl einfacher hübsch gelegener Häuschen oder auch Apartments, in denen man herrliche Tage verbringen kann. Einen persönlichen Tipp habe ich noch für Sie: Ein wirkliches Ziel für Individualisten sind die Casas Bioclimáticas im Süden Teneriffas. Jedes Häuschen ist von einem anderen Architekten konzipiert und hübsch in die Landschaft integriert (aber Achtung: die Landschaft ist extrem karg und die nächsten Industrieanlagen sind nicht weit, davon darf man sich nicht abschrecken lassen!).

Bilder zum Träumen

Neu ist an diesem DuMont Bildatlas – Sie haben es vielleicht schon bemerkt – nicht nur die Rubrik „Unsere Favoriten". Wir möchten Ihnen mit einem noch ansprechenderen Layout mehr Lese- und Sehfreude verschaffen und haben uns auch für ein neues „Outfit" mit edler Cover-Gestaltung und hochwertigem Papier entschieden. Am bewährten Grundkonzept des Bildatlas hat sich nichts geändert. Sie dürfen sich nach wie vor auf hervorragende eigens für den jeweiligen Band fotografierte Bilder freuen, die zum Träumen einladen und Reisevorfreude auslösen, sie werden ergänzt durch informative Texte kompetenter Autor(innen) und detaillierte Karten. Herzlich

*Der Autor **Jochen Müssig** aus München hat 84 Länder dieser Welt bereist. Daraus entstanden bislang 37 Bücher und zahllose Artikel für die nationale und internationale Presse. Weil so nah, sind die Kanaren für ihn das Lieblingsziel für eine kurze Winterflucht.*

*Die Kanaren sind für einen Fotografen so etwas wie ein Traum, immer gutes Wetter und entsprechend gut gestimmte Menschen. Tatsächlich hat der Fotograf **Gerald Hänel** aus Hamburg die Inseln meist so erlebt.*

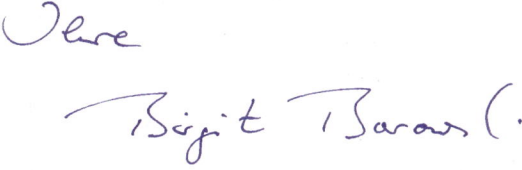

Birgit Borowski
Programmleiterin DuMont Bildatlas

22 Ein Hauch von Wüste: die Dünenlandschaft von Maspalomas auf
Gran Canaria

72 Auf Fuerteventura
haben Surferinnen
gut lachen, denn hier
weht meist ein star-
ker Wind.

Impressionen

8 Ein Kanaren-Bilderbogen: lavaschwarzes Tazacorte,
Cañadas-Blick mit Teide, Romería in La Orotava, Strand
bei Corralejo, Las Palmas, Mirador auf Lanzarote

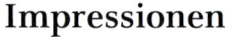

Gran Canaria

22 Vom Dünenstrand an den Gebirgsrand
Die Taufpatin der Kanarischen Inseln gilt mit Sonne
und Strand, Bergen und Sport, Kultur und Tradition
als die vielfältigste unter den großen Sieben.

DUMONT THEMA
32 Woher kommen sie eigentlich ...?
Auf den Kanarischen Inseln ist man sich sicher,
dass die Guanchen die Urkanarier waren, die aus
Nordafrika stammend die Inseln besiedelt haben.

34 Straßenkarte
35 Infos & Empfehlungen

Teneriffa

38 Urlaubsfreude hier – wilde Natur dort
Auf der größten der Kanarischen Inseln kommt ein
buntes Völkchen zusammen – von Sonnenanbetern,
die auch gern die Nacht zum Tage machen, bis zu
Einzelgängern, die eine wunderschöne Insel schätzen,
auf der man durchaus mal alleine sein kann.

DUMONT THEMA
50 Salsa, Rumba und Merengue
Santa Cruz de Tenerife gilt als zweitgrößte Karnevalshochburg der Welt. Im Musik- und Maskentaumel
werden wie in Rio großartige Umzüge beklatscht.

52 Straßenkarte
53 Infos & Empfehlungen

86 Ort vor prächtiger Bergkulisse, das
gibt's auf La Palma nicht nur in El
Paso.

Lanzarote

56 Hübscher als Penelope
Nirgends in Europa prallen Feuer, Wasser, Erde und
Luft intensiver und aufregender aufeinander als
auf Lanzarote. Nirgendwo wirkt eine so karge Insel
faszinierender.

UNSERE FAVORITEN

Best of ...

20 Strände zum Träumen
Sieben Vorschläge, das Meer rund um die
Kanarischen Inseln zu genießen.

80 Hotels mit Charme
Abseits vom Trubel und jenseits von unbezahlbarem Luxus – sechs Möglichkeiten.

110 Natur und Mensch
Sieben Tipps, herausragende Werke von
Mutter Erde zu erleben.

DuMont Aktiv

Genießen   Erleben   Erfahren

ATLANTIC

OCEAN

Ilhas Selvagens
Selvagem Grande
(Port.)

I s l a s   C a n a r i a s

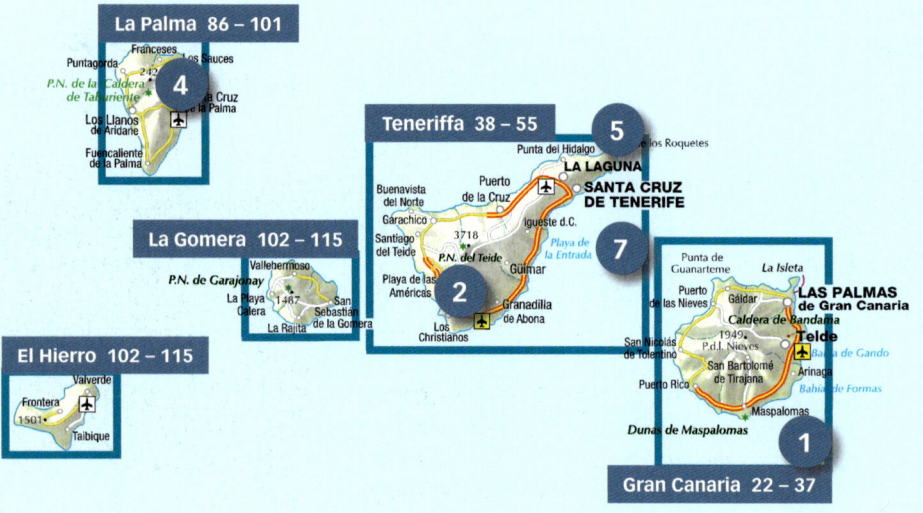

La Palma 86 – 101

Franceses
Puntagorda · 2423 · Los Sauces
P.N. de la Caldera
de Taburiente · Santa Cruz
Los Llanos · de la Palma
de Aridane
Fuencaliente
de la Palma

4

Teneriffa 38 – 55

Punta del Hidalgo · Los Roquetes
Buenavista · Puerto · **LA LAGUNA**
del Norte · de la Cruz · **SANTA CRUZ**
Gárachico · **DE TENERIFE**
Santiago · 3718 · Igueste d.C.
del Teide · P.N. del Teide · *Playa de*
Playa de las · Güímar · *la Entrada*
Américas · Granadilla
Los · de Abona
Christianos

5

7

La Gomera 102 – 115

Vallehermoso
P.N. de Garajonay
La Playa · 1487 · San
Calera · Sebastián
de la Gomera
La Rajita

2

El Hierro 102 – 115

Valverde
Frontera · 1501
Taibique

Punta de
Guanarteme · *La Isleta*
Puerto · Gáldar · **LAS PALMAS**
de las Nieves · **de Gran Canaria**
Caldera de Bandama · **Telde**
1949 · *Bahía de Gando*
San Nicolás · P.d.l. Nieves
de Tolentino · San Bartolomé · Arinaga
de Tirajana · *Bahía de Formas*
Puerto Rico
Maspalomas
Dunas de Maspalomas

1

Gran Canaria 22 – 37

Lanzarote 56 – 71

Alegranza
Graciosa
6 · *Lanzarote*
Tinajo · 674 · Haria
Parque Nac.
de Timanfaya · Playa
Blanca · Arrecife
Papagayo · *Estrecho de la Bocaina*
Punta
de la Ballena
Tostón
Fuerteventura · **PUERTO**
del Rosario
Puerto
de la Peña · Pozo Negro
Tuineje · Gran Tarajal
Playa de
Barlovento · Costa Calma
de Jandía
Cofete · 807 · *Península de Jandía*

3

8

Fuerteventura 72 – 85

Sebkha
Oum
Deboua

Daoura

Al-'Ayun
(Laâyoune)

Dchira

N5

Lemsid
El-Metmarfag

N1
109

78

Cap Boujdour
Boujdour

El-Hassiane

Sebkha
Arid

Aridal

Aoufirst

Iraifia

Adrar Afratir
Oued Assaq

Mine
(Phosph

105

Amassine

Oummat-
el-Kabch

Dhaim

Zik · *Labyad* · *Oughranat* · *Oued Arqà*

Tikliy Lahmar

Maßstab 1:2.600.000

0 ___ 40 km

Topziele

Die bedeutendsten Sehenswürdigkeiten und Erlebnisse, die Sie auf den Kanaren keinesfalls versäumen dürfen, haben wir auf dieser Seite für Sie zusammengestellt. Auf den Infoseiten ist das jeweilige Highlight als TOPZIEL *gekennzeichnet.*

NATUR

1 Dunas de Maspalomas, Gran Canaria: Europas größter und wunderschön geformter Sandkasten. Ideal für Strandspaziergänge, zum Baden und Sonnenbaden. **Seite 36**

2 Pico del Teide, Teneriffa: Das Wahrzeichen der Kanarischen Inseln ist mit 3718 Metern der höchste Berg Spaniens. Es gibt bizarre Krater und tiefe Schluchten, üppige Natur und wunderbare Wanderwege. **Seite 55**

3 Montañas del Fuego, Lanzarote: Feuerberge werden die Krater, Kegel und Lavafelder genannt – phantastische Kunst von Mutter Natur. **Seite 70**

4 Caldera de Taburiente, La Palma: Der Kraterkessel mit 1600 Meter hohen Felswänden und einem Durchmesser von acht Kilometern bietet ein gigantisches Bild, das man so schnell nicht vergisst. **Seite 101**

KULTUR

5 La Laguna, Teneriffa: Zu Recht Welterbe – Teneriffas alte Hauptstadt zeigt ein koloniales Ensemble aus Stadtpalästen und Kirchen. **Seite 53**

6 César Manriques Erbe, Lanzarote: Das Werk des kanarischen Vorzeigekünstlers umfasst bildende Kunst, Architektur und gestaltete Natur. **Seite 69 und 70**

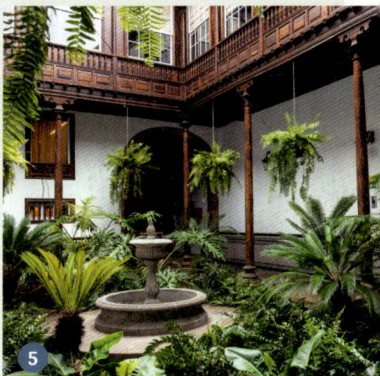

ERLEBEN

7 Carnaval de Santa Cruz, Teneriffa: Besucher, die auch schon am Zuckerhut zum Karneval waren, meinen, Santa Cruz könne wirklich mit Rio mithalten. **Seite 50**

8 Playa de Sotavento, Fuerteventura: Die kilometerlangen Strände im Inselsüden sind ein paradiesisches Angebot für Wassersportler und Sonnenanbeter gleichermaßen. **Seite 84**

Alles so voll hier!
Oder?

Die Kanarischen Inseln sind ein Massenziel.
Da liegt man am Strand wie die Sardinen in der
Dose. Solche und ähnliche Klischees hört man
immer wieder. Und sie stimmen ja auch – zumindest mancherorts. Und sie stimmen nicht,
wie unschwer am schönen Lavastrand von
Tazacorte an der sonnenverwöhnten Westküste
von La Palma zu sehen ist. Dort kann man in
Ruhe baden, dösen, joggen oder in den kleinen
Restaurants, Kioskos genannt, fangfrischen Fisch
schmausen.

Höher als die Zugspitze?
Tatsächlich!

Der Teide auf Teneriffa ist mit 3718 Metern nicht nur der höchste Berg Spaniens und 756 Meter höher als unsere alpine Zugspitze, sondern seit 2007 auch Weltnaturerbe der Menschheit. Insgesamt gibt es im Archipel 146 Naturschutzgebiete mit mehr als 300 000 Hektar. Die addierte Fläche ist damit größer als die Saarlands. Darunter befinden sich auch die vier Nationalparks Caldera de Taburiente auf La Palma, Timanfaya auf Lanzarote, Garajonay auf La Gomera und natürlich der Nationalpark Teide.

Folklore für Touristen?
Ganz sicher nicht!

Wer in die Romería in Orotava auf Teneriffa
gerät, glaubt in der Mitte des 17. Jahrhunderts
gelandet zu sein. Seitdem hat sich an diesem Fest
nur wenig geändert. Ochsen ziehen Karren, die
Leute tragen die Tracht der Mago (Bauern), und
die Balkone sind mit Teppichen, Decken und
Tüchern geschmückt. Wie bei dieser Ehr-
erbietung der Bauern gegenüber ihrem Schutz-
patron San Isidro geht es bei vielen Veranstaltun-
gen zu: Touristen sind gern gesehene Gäste, aber
alles würde auch ohne sie genauso vonstatten-
gehen.

Fuerte Ventura! Starker Wind! Und jetzt aufs Brett!

Die Strände des Dünengebietes Corralejo auf Fuerteventura gehören ohne Zweifel zu den schönsten im Archipel und zu den besten Europas. Jenseits des hellen und feinen Sandes finden besonders die Wassersportler, die den Wind brauchen und mögen, hervorragende Bedingungen. Denn Wind gibt es immer – mal mehr, selten eher weniger. Und natürlich: Nicht nur Surfer und Kiter, auch Schwimmer können mit den Wellen spielen.

Gut drei Milliarden Euro!
Nur für Gran Canaria!

Der Stadtstrand von Las Palmas, die Playa de las Canteras auf Gran Canaria, kann sich durchaus auch mal von seiner romantischen Seite zeigen. Da kommt man gar nicht auf die Idee, dass Jahr für Jahr Millionen von Touristen auf den großen Sieben der Kanarischen Inseln ihre schönsten Tage des Jahres verbringen. Die Inseln leben vom Tourismus, und ihre Einwohner leben mit ihren Gästen. Diese bringen alleine auf die beiden großen Inseln Teneriffa und Gran Canaria knapp sieben Milliarden Euro pro Jahr.

Sind wir nicht hübsch?
Ja, ganz sicher!

Hola! Wer ist die Schönste auf dem Bild? Oder besser: Was ist das Schönste? César Manriques futuristischer Aussichtspunkt Mirador del Río im Norden von Lanzarote? Oder der Blick auf die achte kanarische Insel La Graciosa, die das kleinste bewohnte Eiland des Archipels ist? Auf der Nachbarinsel Lanzarote wird mit der Vielzahl und der hohen Qualität seiner Kunstwerke im Zweifelsfall Meister Manrique das Rennen machen – auch wenn die drei Hübschen auf ihrem Selfie sicher unschlagbar sind ...

Wo ist das Meer am schönsten?

Strände zum Träumen

Für die einen ist es nur viel Sand oder Kiesel am Meer. Man badet und sonnt sich. Fertig. Für andere sind Strände eine Art Weltanschauung, wobei die Beschaffenheit und die Farbe so wichtig sind wie bei Miss-Wahlen die Maße. Doch auch Strandlänge und Umgebung sind relevant für die höchste Kategorie: für den Traumstrand.

② Playa de las Teresitas, Teneriffa

Sonnenbaden in echtem Sahara-Sand, das hat was! Der schönste Strand der Insel ist auch eine der ganz wenigen Playas aller Kanaren-Inseln, die vorwiegend von Einheimischen besucht werden. Vor gut 30 Jahren wurde der helle Sand mit Schiffen von Afrika nach Teneriffa transportiert. Bis heute gibt es keine Bebauung, abgesehen vom vorgelagerten, einen Kilometer langen Wellenbrecher.

Carretera TF-11, nördlich von San Andrés, www.webtenerife.de

① Dunas de Maspalomas, Gran Canaria

Der alte Leuchtturm von 1890 markiert den Anfang der kilometerlangen Strände entlang der mächtigen Dünen. Schwimmer und Spaziergänger schätzen das Naturschutzgebiet gleichermaßen. Drei Ökosysteme – Palmenhain, Lagune und Dünen – erstrecken sich nur wenige Meter vom Meer entfernt. Tausende von Besuchern, aber jeder findet ein ruhiges Plätzchen, auch fürs textilfreie Baden ...

Maspalomas, am südlichen Ortsrand, www.maspalomas.com

③ Playas del Papagayo, Lanzarote

Komplett unverbaut, aber auch ohne jegliche Infrastruktur – vom Parkplatz am Ende der Schotterpiste einmal abgesehen – gehören die sieben hellsandigen Papagayo-Strände am abgelegenen Südzipfel der Insel zu den schönsten Stränden im Archipel. Es ist ein Platz für Individualisten, aber auch für Adam und Eva, denn FKK wird dort toleriert und von fast allen Besuchern praktiziert.

Playa Blanca, etwa vier Kilometer östlich, www.turismolanzarote.com

4 Playa de Famara, Lanzarote

Zwei Kilometer lang und bis zu 200 Meter breit, dazu das mächtige 600 Meter hohe Famara-Massiv im Rücken und eine starke Brandung davor: Der hellsandige Strand ist zwar künstlich aufgeschüttet, gehört aber dennoch in die Top 7. Das Gesamtbild ist überwältigend! Für Schwimmer wegen der Unterströmung gefährlich, bei Wind- und Kitesurfern wegen der Brise sehr beliebt.

La Caleta de Famara, Richtung Norden, www. turismolanzarote.com

5 Grandes Playas Corralejo, Fuerteventura

Das Meer schimmert karibisch-türkis, die Dünen sind gleißend weiß und die Strände gehören auf sechs Kilometern Länge zu den schönsten Europas: die Stadtstrände Playa Bajo Negro und Playa Galera, die Playa del Medano, wo Surfer und Kiter beste

Bedingungen vorfinden, die Playa del Moro mitten im Dünenpark und die Playa Alzada mit dem Aussichtspunkt Montaña Roja im Hintergrund. Praktisch: Parken kann man direkt an der FV-1, die sogar manchmal zugeweht wird vom vielen Sand.

Carretera FV-1, südlich von Corralejo, www.visit corralejo.com

6 Playas de Sotavento, Fuerteventura

Noch ein Top-7-Platz in der Kategorie Strände geht an Fuerteventura. Ungefähr in der Mitte zwischen Costa Calma und Morro Jable liegen die Playas de Sotavento: weiß, flach abfallend und feinsandig, ewig lang und mit tollem Kontrast zum hellblauen Atlantik. Bei Flut bilden sich herrlich flache Lagunen. Ein Top-Spot für Surfer und Kiter, besonders wenn Weltmeisterschaften stattfinden.

Carretera FV-2, südlich von Costa Calma, www.pajara.es

7 Playas de Tazacorte, La Palma

Ein schwarzer Sandstrand darf es schon sein, wenn man die Besten der Kanarischen Inseln auswählt. Und die Playa de Porto ist pechschwarz, leicht geschwungen, und hinterdran locken einfache Fischlokale für ein Mittagessen. Außerhalb der Hafenmauer wartet die Playa Grande auf Individualisten, die ihre Ruhe haben wollen, und gute Schwimmer, denn dieser Abschnitt ist ohne Schutzmauer.

Puerto de Tazacorte, www. visitlapalma.es

Vom Dünenstrand an den Gebirgsrand

Die Taufpatin der Kanarischen Inseln gilt mit Sonne und Strand, Bergen und Sport, Kultur und Tradition als die vielfältigste unter den großen Sieben. Die Dünen von Maspalomas sind das berühmte Aushängeschild. Dahinter zeigt sich Gran Canaria als Insel für fast jeden Geschmack und beinahe alle Vorlieben. Und sie ist ein schöner Platz für noch schönere Legenden.

Hinauf zum Roque Nublo geht es am einfachsten vom Parkplatz La Goleta aus. In etwa einer Dreiviertelstunde ist der Weg gemacht

Bis über die Playa de los Amadores breiten sich die Ferienanlagen
von Puerto Rico aus, des zweitgrößten Touristenzentrums Gran
Canarias. Hierher kommt man wegen des vielfältigen Sportangebotes

Strandleben und Wassersport werden groß geschrieben auf den Kanarischen Inseln: Surfen an Maspalomas' Playa del Águila mit Surflegende Björn Dunkerbeck (oben). Weltbekannt ist die Dünenlandschaft von Maspalomas, die auf den Kanaren ihresgleichen sucht (Mitte). Noch immer ist die Fischerei ein wichtiger Erwerbszweig, auch wenn die Fangmengen deutlich zurückgegangen sind: Gran Canarias Fischereihafen von Arguineguín an der Südküste (unten)

Populäres wird gerne erzählt. Und die Canarios haben eine blühende Phantasie. Sie lieben Geschichten und Legenden. Sie sind stolz auf ihre Mythen – auch wenn manche Fakten nicht ganz so stimmen: „Der Sand", sagt Emilio, „ist einzigartig. Er ist durch und durch afrikanisch, auch wenn er schon Jahrhunderte auf Gran Canaria liegt." Emilio verteilt Prospekte für einen „super Pub mit der besten Stimmung auf der Insel" am Eingang von Europas größtem Sandkasten: die Dünen von Maspalomas mit den Ausmaßen von fünf Quadratkilometern und Höhen von fast 60 Metern – dieses nachweislich. Emilio ist gebürtiger Canario und nicht der Ein-

„Lieber einen wackeligen Liegestuhl auf Gran Canaria als einen festen Arbeits–platz in Deutschland"

Kneipenspruch aus Playa del Inglés

zige, der die Mär vom Sahara-Sand am Kanaren-Strand aufrecht erhält. Fremdenführer tun es, Hotelportiers und Taxifahrer. Dabei kann der Sand von Maspalomas gar nicht aus der Sahara herübergeweht sein. Die Körnchen sind zu schwer für die 200 Kilometer lange Reise. Selbst an den sogenannten afrikanischen Tagen, wenn es mehr als 40 Grad heiß wird und der Scirocco Hitze aus Afrika mitbringt, wird kein Sand transportiert, sondern lediglich Staub.

Wahr ist, dass der Dünensand aus dem Meer stammt: Von Schalentieren, die im Lauf der Zeit von Wasser und Wind zerrieben wurden. Emilio ist das egal: „Die Geschichte ist einfach zu schön zu erzählen, um sie so mir nichts dir nichts der schnöden Wahrheit zu opfern."

In Maspalomas standen vor rund 60 Jahren nur ein paar Fischerhäuschen, und Emilio steckte noch in den Windeln, zuhause in den Montañas de Tauro,

Legende hin oder her: Las Palmas de Gran Canarias Plaza Santa Ana schmücken diese Bronzehunde

„Fortunatae Insulae – Inseln der Glückseligen"

Plinius, römischer Gelehrter, um Christi Geburt über die heutigen Kanarischen Inseln

keine 50 Kilometer entfernt. Nur der Leuchtturm ragte schon damals in den Himmel. „Der Faro, fast 60 Meter hoch, leistet schon seit 1890 wichtige Dienste für die Schifffahrt. Sein Licht ist 50 Kilometer weit sichtbar", erzählt Emilio, mit ernster Miene und geprüften Fakten.

Karneval? Jede Nacht!

Heute glitzern Ferienanlagen am Tag im gleißenden Sonnen- und in der Nacht im schrillen Neonlicht, reiht sich Restaurant an Supermarkt und Vergnügungspark an Disco. Das gilt besonders für das benachbarte Playa del Inglés: Tagsüber gesichtslos, aber nachts die Fun-Metropole der Insel. „Besonders rund um die Kasbah geht die Post ab!", weiß Emilio. Er flunkert ja nicht immer: Die Nächte dort gelten tatsächlich als das Heißeste, das Gran Canaria zu bieten hat. Besonders in der Hauptsaison, wenn in jeder Kneipe, jedem Pub und jeder Diskothek Hochbetrieb herrscht. Fünf, sechs, sieben Uhr morgens wird es – und Playa del Inglés feiert dann jede Nacht Karneval. In Maspalomas gibt es die passende Tagesparty dazu. Wenn im goldgelben Sand der Akku aufgeladen, wenn UV 30 auf- und der knappe Bikini angelegt wird. Wenn der magische Vierklang den Ton angibt: Sonne, Sand, Strand und Spaß.

Domino im Park

Francesco ist gut zehn Jahre jünger als Emilio, ebenfalls gebürtiger Canario, aber Hauptstädter. Im Parque Santa Catalina von Las Palmas trifft er sich jeden Abend mit seinen Kumpels, wenn die Sonne langsam hinterm Horizont an der Playa de las Canteras verschwindet. Die Luft ist lau, die Stimmung locker, die Männer sind unter sich. Die Dominospieler, die unter Palmen in der kleinen Oase der hektischen Stadt ihrem Vergnügen nachgehen, sind ein echtes Stück Gran Canaria. Um jeden Tisch sitzen die Spieler, und ringsherum stehen Mitspieler und Zuschauer, um lautstark den Spielstand und die Taktik zu diskutieren, gelegentlich sogar mal einzugreifen, aber auch das letzte Fußballspiel oder den jüngsten Rathausbeschluss zu besprechen. Etwas abseits haben sich Schachspieler und Kartenrunden angesiedelt. Vielleicht für den einen oder anderen die Möglichkeit, ein Spielchen mitzumachen.

Ansonsten sollte man sich das Treiben in Ruhe von einem Straßencafé aus ansehen und ein Glas Malvasía trinken. Möglicherweise erfährt man so von einer weiteren Insellegende: die von Kolumbus und der Casa de Colón. Das Haus des Kolumbus in Las Palmas war nie die Villa des Entdeckers. Es wurde zur Zeit

Las Palmas: In der
Casa de Colón
erinnern Papageien
an die Neue Welt

Las Palmas: Sonntags trifft man sich an der
Playa de las Canteras zum traditionellen Tanz

Im 15. Jahrhundert begonnen, spiegelt Las Palmas' Bischofskirche Santa Ana die
Kunstepochen Gotik, Renaissance, Barock und – mit ihrer Fassade – Klassizismus

Puerto de Mogán gilt als besonders gelungene nachhaltige touristische Investition – seine Gäste belohnen den Aufwand

Auf dem sonntäglichen Wochenmarkt an der Wallfahrtskirche von Teror wird natürlich auch inseleigener Käse angeboten

In der Mineralwasserstadt Firgas schmücken moderne Kachelbänke den Paseo de Canarias, den hier ein Postbote hinab eilt

Mitten im Parque Natural de Tanadaba: Blick vom Aussichtspunkt Andén-Verde auf die schroffe Westküste Gran Canarias

Special

Europäischer Rum

Mit des Königs Autogramm

Der Volksmund nennt sie bis heute Fábrica, die Rum-Destillerie von Arucas im Norden der Insel, die es zum Hoflieferanten des spanischen Königshauses gebracht hat.
Zuckerrohr wurde lange Zeit als Monokultur auf Gran Canaria angebaut. Um Arucas gilt das bis heute. Schließlich werden bei „Arehucas" täglich 50 000 Flaschen abgefüllt. Seit 1884 gibt es La Fábrica, heute die größte und älteste Rum-Brennerei Europas.

Besonders der Ron Reserva Especial, der zwölf Jahre in Eichenfässern reift, ist zu empfehlen. Aber auch der süße Ron Miel Guanche, ein Rum-Honig-Likör, der – anders als übliche Liköre – am besten gut gekühlt getrunken wird, lohnt ein Testgläschen. Auf einigen der 6000 Fässer haben prominente Persönlichkeiten ihr Autogramm hinterlassen, so das spanische Königspaar und der Opernsänger Plácido Domingo.

von Kolumbus' Reisen als schmucke Residenz des Statthalters gebaut. Kolumbus selbst hat es aber nie betreten, auch wenn es sein kann, dass er 1493, 1498 und 1502 möglicherweise jeweils einmal kurz Gran Canaria besucht hat. Forschungen ergaben aber, dass Christoph Kolumbus auf seinem Weg nach Indien, der ihn ja bekanntlich nach Amerika führte, auf Teneriffa und La Gomera, nicht auf Gran Canaria Halt machte. Die Kanaren waren damals noch nicht vollständig von den Spaniern erobert.

Vögel oder Hunde?
Und dann ist da noch die Sache mit den Vögeln. Und den Hunden. Besonders jene Urlauber, die erstmals auf Gran Canaria sind, fragen sich, wo denn die für die Insel mutmaßlich namengebenden Kanarienvögel sind. Antwort, ganz ohne Legende: Es gibt keine, von einigen Exemplaren im Zoo oder in Privathaushalten abgesehen. Der Name Gran Canarias kommt nicht von den bunten Vögeln, sondern von hoch gewachsenen Hunden, wie die Bronze-Hunde auf dem Domplatz Santa Ana von Las Palmas nahelegen. Wurde den Wappentieren der Stadt dort doch die Reminiszenz in Form von Skulpturen erwiesen. Schon der römische Forscher Plinius hatte es mit den Hunden. Zwar nannte er den

Das Roque-Nublo-Massiv zieht auch Kletterer an. Dank seines überwiegend guten Wetters, den vielen vulkanischen Berggipfeln und steil eingeschnittenen Barrancos ist Gran Canaria bei Bergfreunden sehr beliebt

Wie ein dicker Finger ragt der Gipfelmonolith des Roque Nublo auf (links). Das Valle de Agaete vermittelt einen Hauch von Tropen (rechts)

Das Inselinnere Gran Canarias wird von Radlern geliebt –
hier in Tejeda mit dem Roque Bentayga als Kulisse

Archipel „Inseln der Seligen", hob jedoch Gran Canaria als „Große Hundeinsel" hervor. Die Wissenschaft blieb den Beweis in Form von Skelettfunden in Übergröße allerdings schuldig. Und sicher ist letztlich nur, dass die Inselgruppe seinen Namen der Hauptinsel Gran Canaria verdankt.

Vorbild für die Copacabana

Las Palmas liegt 1750 Kilometer von der spanischen Hauptstadt Madrid entfernt, rund 200 Kilometer vom afrikanischen Kontinent und 6400 Kilometer von Rio de Janeiro. Dort hat die weltberühmte Copacabana ihre Heimat, die – noch so eine schöne Geschichte – nach dem Muster der Playa de las Canteras von Las Palmas angelegt worden sein soll. Der sichelförmige Bogen des Sandstrandes, und die Promenade mit den schicken Geschäften, guten Fischlokalen und Hotels jeder Sternenzahl locken Menschen aus aller Herren Länder. Engumschlungene Pärchen wie Geschäftsleute mit Schlips um den Hals und Jackett unterm Arm, Matrosen pfeifen schlanken Badenixen auf dem Weg zum Strand nach. Fliegende Händler in afrikanischen Gewändern bieten bunte Tücher oder originellen Ethno-Schmuck feil. Aber auch People-Watching im Luxushotel „Reina Isabel" gehört an der Playa de las Canteras dazu.

Gran Canaria ist längst eines der großen Zentren des Welttourismus geworden. Ob für Freunde des geselligen Strandlebens oder für Genießer dramatischer Gebirgslandschaften, ob für Nachtschwärmer oder Ruhesuchende, ob für Singles oder Familien: Auf Gran Canaria fliegen Sommerfrischler und Winterschwalben, landen Windsurfer und Wanderer, kommen Mountainbiker, Pflanzenliebhaber, FKK-Fans und Jeep-Fahrer. Denn alle finden, was sie suchen: Quadratkilometer große Dünen, bizarre Berge, schrille Nächte, einsame Flecken, Sonne, Wind und Wasser sowie nett erzählte Legenden: von Sand und Strand, Hunden und dem Haus des Kolumbus.

DIE URKANARIER

Woher kommen sie eigentlich ...?

*Auf den Kanarischen Inseln ist man sich sicher, dass die Guanchen
die Urkanarier waren, die aus Nordafrika stammend die Inseln besiedelt haben.
Besucher können auf Gran Canaria auf Spurensuche gehen und
vergessene Welten, Jungfrauen und Henker entdecken.*

Ich bin keine Spanierin, ich bin Kanarierin!", empört sich Gloria im Online-Portal infocanarias. com. Im Chat geht es über die Überfremdung auf Gran Canaria, ihrer Insel. Gloria und die anderen 2,1 Millionen Canarios meinen nicht die ausländischen Touristen oder Residenten, sondern die Festlandsspanier, von denen in den letzten Jahren an die 200000 zugezogen sind, „und uns die Arbeitsplätze im Tourismus weggenommen haben". Auf eine einfache Formel gebracht: Die Ausländer schaffen neue Arbeitsplätze und die Festlandsspanier besetzen sie.

Vieles spricht dafür, dass die Kanarischen Inseln und damit Gran Canaria von Bevölkerungsgruppen aus Nordafrika besiedelt wurden. Die meisten Canarios sehen ihre Wurzeln fern der Iberischen Halbinsel und sind stolz darauf, von den Guanchen abzustammen, wie die Altkanarier genannt werden. „Gran Canaria ist weder Spanien noch Europa", postet Gloria kurz und bündig.

Vier dunkle Löcher klaffen in der Felswand des Heiligen Bergs, dessen Kuppe einem Schädel gleicht, aus dem vier torgroße Augen in die Weite starren. Auf der Montaña de las Cuatro Puertas, dem Berg der Vier Tore, standen einst die kanarischen Ureinwohner mit Lanzen und spähten in Erwartung des Unbekannten übers Meer. Denn von dort kamen alle Veränderungen. Und von dort kommen jetzt die Flugzeuge der Chartergesellschaften aus ganz Europa. Wahrscheinlich hätten die Guanchen, die

Erdensöhne, den Airbus für einen mystischen Donnervogel gehalten und die Wachen Alarm geschlagen – doch die spanischen Konquistadoren haben bereits vor 600 Jahren der insularen Steinzeit mit eiserner Klinge ein Ende gesetzt.

Die Welt der Ureinwohner

Mundo Aborigen nennt sich ein Freilichtmuseum, das der Phantasie auf die Sprünge hilft. Ein ganzes Dorf wurde gebaut, mit Puppen besiedelt, um die hierarchischen Strukturen der untergegangenen Gesellschaft, ihre magisch-religiöse Welt, sozialen Verhältnisse, Behausungen, Essgewohnheiten, Schmuck bis hin zu Begräbnisbräuchen bildlich darzustellen. Bis zur spanischen Eroberung der Inseln musste der Metzger sein Handwerk außerhalb der Dorfgrenzen verrichten. Mit einfachsten Steinwerkzeugen wurden Operationen durchgeführt. Jungfrauen gehörten zum angesehensten und der Henker, der mit Felsklötzen den Kopf der Delinquenten zertrümmerte, zum niedrigsten Stand der Urgesellschaft auf Gran Canaria.

Wen das Freilichtmuseum zu sehr an Disney-World erinnert: Einen Einblick ins Leben der Urkanarier gewinnt man auch im Museo Canario, wenngleich dort Phantasie gefragt ist. In diesem Museum werden keine Nachschöpfungen präsentiert, sondern originäre anthropologische, archäologische, ethnografische und geologische Ausstellungsstücke gezeigt, etwa Steinwerkzeuge und Mumien.

Bis heute geht das Leben in Fataga seinen ganz ruhigen Gang (oben). Weit reicht der Blick hinaus aus den Felshöhlen: Cenobio de Valerón, Vorratskammern der Altkanarier bei San Felipe (unten)

Mumien in Gran Canarias Museo Canario in Las Palmas (oben). Blick auf den kleinen Ort Fataga (links)

Fakten & Informationen

....

Kultstätte Cuatro Puertas, 4 km südl. von Telde, auf der GC 140 ausgeschildert
Mundo Aborigen, Carretera de Fataga Kilómetro 6, Fataga (Tel. 0928 17 22 95, www.mundoaborigen.es; tgl. 9.00–18.00 Uhr)
Museo Canario, Calle Doctor Verneau 2, Las Palmas (Tel. 0928 33 68 00, www.elmuseocanario.com; Mo.–Fr. 10.00–20.00, Sa. und So. 10.00–14.00 Uhr)

GRAN CANARIA

Maßstab 1:290.000

0   3   6km

Die schöne Namensgeberin

Gran Canaria nimmt nach Teneriffa und Fuerteventura flächenmäßig den dritten Rang ein. Auf der 1560 Quadratkilometer großen Insel lebt aber fast die Hälfte aller Canarios: Mit 850 000 Einwohnern, darunter 20 000 Ausländern, ist sie die bevölkerungsstärkste Insel des Archipels. Dazu kommen jedes Jahr vier Millionen Gäste.

① Las Palmas

La Cuidad ist die Hauptstadt von Gran Canaria. In der 1478 gegründeten und knapp 400 000 Einw. zählenden Hafenstadt sind Touristen garantiert in der Minderheit. Für diese sind drei Stadtviertel von Bedeutung.

SEHENSWERT

Vegueta, die Altstadt, ist das Zentrum, mit großzügigen historischen Bauten und verwinkelten Gassen, in denen sich viele Galerien und Museen befinden: u. a. das **Museo Canario** (s. S. 33) und die **Casa de Colón.** Das Hauptaugenmerk richtet sich zuerst auf die **Catedral de Santa Ana;** mit dem Bau der Kathedrale wurde 1497 begonnen, aber erst vier Jahrhunderte später wurde sie vollendet. An der Vorderfront schließt die Plaza Santa Ana an. Repräsentative Bauten wie das Rathaus (19. Jh.), der Bischofspalast (Urspr. 16. Jh.) und die berühmten bronzenen Hunde, die Wappentiere der Stadt, säumen den Platz.

An Vegueta grenzt **Triana,** das Einkaufsviertel mit Fußgängerzone und Geschäften. Nach dem Shopping rastet man im Parque de San Telmo: im Jugendstilpavillion, dem Schmuckstück des palmenbestandenen Platzes.

Santa Catalina mit der 3 km langen Playa de las Canteras ist es das Hafen- und Vergnügungsviertel. Bis spät in die Nacht braust das

Puerto Ricos Playa de Amadores (links). Las Palmas und seine Playa de las Canteras (rechts oben). In Tafiras Botanischem Garten (rechts unten)

Leben, am Strand, auf dem Boulevard Paseo de las Canteras und im Parque Santa Catalina. Wer vom Strand zu den Hafenbecken spaziert, stößt auf das Castillo de la Luz, eine kleine Festung (Urspr. 16. Jh.).

MUSEEN

In der **Casa de Colón** dokumentiert das Kolumbus-Museum die Entdeckung Amerikas und Inselgeschichte. Der Palast (15. Jh.) gilt als eines der schönsten Gebäude im kanarischen Stil (Calle de Colón 1, www.casadecolon.com; Mo.–Fr. 9.30–17.30, Sa. 9.30–13.00 Uhr).

Das **Centro Atlántico de Arte Moderno** (CAAM) stellt zeitgenössische spanische Künstler aus (Los Balcones 11, www.caam.net; Di.–Sa. 11.00–20.00, So. 11.00–14.00 Uhr).

EINKAUFEN

Neben der **Einkaufszone Triana** die **Handwerkermärkte** von Vegueta (Calle Pelota) und Santa Catalina (Parque Blanco) und der **Flohmarkt** an der Rambla Alcalde Juan Rodríguez Doreste (alle So. 10.00–14.00 Uhr).

HOTELS UND RESTAURANT

Das kanarischste aller Hotels der Hauptstadt ist das € € € € **Santa Catalina,** ein Traditionshaus und Juwel der Kolonialarchitektur. Wenn der König auf Gran Canaria weilt, nächtigt er in der Juan-Carlos-Suite (Calle León y Castillo 227, E-35005 Las Palmas, Tel. 928 24 30 40, www. hotelsantacatalina.com). Doch das Promi-Hotel der Insel ist € € € € **Reina Isabel;** ein Kaffee auf der Terrasse des schmucklosen Neubaus am Boulevard entlang der Playa de las Canteras gehört dazu (Calle Alfredo L Jones 40, E-35008 Las Palmas, Tel. 928 26 01 00, www. bullhotels.com).

Unweit der Kathedrale liegt € € € **La Macarena de Vegueta,** wo man schön draußen speisen kann, was selten ist in Las Palmas (Mendizabal 19, Tel. 928 33 26 70).

UMGEBUNG

Tafira gilt mit seiner Oberstadt (Tafira Alta) als schönster Vorort von Las Palmas. Besucher kommen, um den Jardin Botanánico Canario zu bewundern, der 5000 Pflanzen aus aller Welt,

---

Tipp

Wie geht In-der-Höhle-wohnen?

Die Guanchen wussten: eine Höhlenwohnung ist praktisch und schnell gebaut. Und man war sehr flexibel: Bis heute können die Höhlenbewohner schnell ein zusätzliches Zimmer in den Berg meißeln, wenn Nachwuchs erwartet wird oder die Küche erweitert werden soll – ohne dass etwas vom Bauamt genehmigt werden müsste. Wer das selbst einmal erleben möchte: Es gibt Höhlenfincas zu mieten (www.casasruralescanarias.es).

Auf dem Weg zur Wallfahrtskirche von Teror (oben und links unten). Ferienhäuser am Hafen von Puerto de Mogán (links oben)

darunter auch 450 endemische Gewächse, beheimatet – am auffälligsten der Drachenbaum, aus dem die Guanchen einen Großteil ihrer Medizin gewannen.

INFORMATION
Patronato de Turismo, Calle Triana 93, E–35000 Las Palmas, Tel. 928 21 96 00, www.grancanaria.com

❷ Arucas

Mit 30 000 Einw. ist Arucas drittgrößte Stadt auf Gran Canaria und war bereits in vorspanischer Zeit Siedlungsplatz. Spezialität ist der lokale Rum.

SEHENSWERT
Die Kathedrale **San Juan Bautista** wurde erst im 20. Jh. erbaut und zwar aus Lavagestein.

HOTEL
Ein ehem. Landsitz eines Zuckerbarons bietet 18 charmante Zimmer: € € / € **Hacienda Buen Suceso** (Carretera de Arucas a Bañaderos Kilómetro 1, E-35400 Arucas, Tel. 928 62 29 45, www.haciendabuensuceso.com).

UMGEBUNG
Herrschaftlicher Glanz prägt das religiöse Zentrum der Insel, die Basilika von **Teror** (um 1515; südl.). Dort gedenkt man am 8. Sept. der Insel-Schutzheiligen, der Jungfrau zur Pinie, mit dem wichtigsten religiösen Fest Gran Canarias. Wunderschön ist die 18 km lange Klamm oberhalb der Quelle von **Firgas** (westl.): Firgas-Mineralwasser gibt es in jedem Hotel, jeder Kneipe, jedem Supermarkt.

INFORMATION
Oficina de Turismo, Calle León y Castillo 10, E-35400 Arucas, Tel. 928 62 31 36, www.arucasturismo.com

❸ Santa María de Guía

In dem 13 000-Einw.-Städtchen wurde die kopfsteingepflasterte und verwinkelte Altstadt komplett unter Denkmalschutz gestellt. Guía ist bekannt für seine Cuchillos canarios, die kanarischen Messer, ohne die früher kein Kanarier außer Haus ging.

SEHENSWERT
Die **Iglesia de la Asunción** zeigt Arbeiten des berühmtesten Sohnes der Stadt, José Luján Pérez (1756–1815), der als bekanntester Bildhauer der Insel gilt und auch den Westflügel der Kathedrale von Las Palmas entwarf.

UMGEBUNG
Nach **Sardina** (15 km westl.) kommen wenige Touristen. Am Strand gibt es einfache € € Fischlokale mit fangfrischem Fisch und regionalem Landwein. **Cenobio de Valerón,** das Höhlensystem der Urkanarier, ist Hauptanziehungspunkt an der Nordküste. Etwa 300 Speicherhöhlen schürften die Guanchen in den weichen Tuffstein; wegen der Sonne vormittags kommen (östl.; Di.–So. 10.00–17.00 Uhr). **Agaete**, eines der weißen Dörfer, lohnt einen Stopp wegen der markanten Holzbalkone, der Iglesia de la Concepción (19. Jh.) und dem Valle de Agaete, dem wohl schönsten und tropischsten Tal Gran Canarias, häufig mit dem Valle Gran Rey auf Gomera verglichen. An der Westküste lohnt der **Mirador del Balcón,** ein Aussichtspunkt 5 km nördl. von Puerto de Aldea, auf die 400 m tief abfallende Küste.

INFORMATION
Oficina de Turismo, Calle Canónigo Gordillo 22, E-35450 Santa María de Guía, Tel. 928 88 36 81, www.santamariadeguia.es

❹ Mogán

Das 1000-Einw.-Dorf liegt malerisch in den Bergen, wird von einigen Künstlern bewohnt und gerne für Modeaufnahmen gewählt.

SEHENSWERT
Der zugehörige Hafen, **Puerto de Mogán**, ist ein Sahnestückchen in Sachen Tourismusentwicklung. Besonders wer von der nahen Wabenneststadt **Puerto Rico** kommt, fragt sich: Warum wurden nicht alle Feriensiedlungen ge-

baut wie Mogán? Flache, weiße Häuser, üppige Bepflanzungen, Wasserstraßen und ein Jachthafen zeigen ein homogenes Gesamtbild. Zwischen Mogán und Hafen kommt man an den vielfarbigen Felswänden Los Azulejos vorbei.

AKTIVITÄTEN
Güígüí („Wi-Wi" ausgesprochen) sind die abgelegensten Strände der Insel; Güígüí Grande und Güígüí Chico sind per Boot oder nach zweistündiger Wanderung ab Tasartico zu erreichen.

INFORMATION
Oficina de Turismo, Avenida de Mogán, E–35140 Mogán, Tel. 928 15 88 04, www.mogan.es

❺ Maspalomas

Gehört zur Gemeinde **San Bartolomé de Tirajana** und bildet zusammen mit **Playa del Inglés** und **San Agustín** das größte touristische Zentrum Spaniens. In der Hochsaison schwillt das Feriengebiet beinahe zur Größe von Las Palmas an.

SEHENSWERT
Eindrucksvoll sind die bis zu 20 m hohen **Dünen** TOPZIEL und der alte **Leuchtturm** (1890) – der Rest ist Geschmackssache.

AKTIVITÄTEN
Wassersport gibt es in allen Facetten (s. Aktiv), auch **Wal- und Delfinbeobachtungstouren** werden angeboten (www.dolphin whale.de). Die 20 km von Maspalomas bis San Agustín bedeuten auch 20 km Strand.

HOTELS UND RESTAURANT
Wer es ruhiger und stilvoll liebt, wählt das € € € € **Sheraton Salobre Golf Resort** (Urbanizacion Salobre, E-35100 Maspalomas, Tel.

Tipp

Wo geht „oben ohne"?

....

„Essen wie bei Muttern" steht in Großbuchstaben an der Tür des Strandlokals an der Playa del Inglés – und klein darunter: „Sie sind uns in jedem Aufzug willkommen." Die Strände von Maspalomas und Playa del Inglés gelten in Sachen Freizügigkeit als Ausnahme auf der Insel: In den ausgewiesenen Zona naturista darf ganz ohne Textilien und ansonsten fast überall ohne Oberteil gebadet werden, auch an vielen Hotelpools. Ansonsten heißt es: Badehose oder Bikini müssen sein. Der Respekt gebietet es, auch wenn Geldstrafen wegen Zuwiderhandlung äußerst selten ausgesprochen werden.

928 94 30 00, www.sheratongrancanaria.com).
Von außen nicht schön, aber phantastisch
direkt an den Dünen gelegen: € € **Hotel IFA
Faro** (Plaza de Colón 1, E-35100, Playa del
Inglés, Tel. 928 14 22 14, www.lopesan.com).
€ € **Pepe el Breca** ist ein Fischrestaurant in
Playa del Inglés mit Papageienfisch vom Grill
(Carretera Fataga, Tel. 928 77 26 37).

INFORMATION
Oficina de Turismo,, Avenida de Tirajana 1,
E-35100 Playa del Inglés, Tel. 928 76 52 42,
www.maspalomas.com

 Telde

Mit 80 000 Einw. die zweitgrößte Stadt Gran
Canarias in Flughafennähe.

SEHENSWERT
Das Altstadtviertel mit Kopfsteinpflastergassen
verfügt über ein Kuriosum: In der Kirche **San
Juan Bautista** steht der Christus von Telde,
eine nur wenige Kilo schwere, aber lebens-
große Figur aus dem Mark von Maiskolben.

UMGEBUNG
Der **Barranco de Guayadeque** (westl. Agüi-
mes) war in vorspanischer Zeit das bevölkerungsreichste Gebiet der Insel mit zahlreichen
Höhlenwohnungen, die zum Teil noch heute
bewohnt sind (s. S. 35). Nördl. liegt die **Caldera
de Bandama,** ein Vulkankrater, dessen Wände
schon den Guanchen als Heimstatt dienten.
Schöner Blick vom 574 m hohen Pico de
Bandama.

INFORMATION
Informationsbüro, Calle León y Castillo 2,
E-35200 Telde; Tel. 928 10 33 31,
www.teldemagica.com

❼ Las Cumbres

Das Inselzentrum besteht aus wilder Bergwelt.

SEHENSWERT
Roque Nublo ist mit 1803 m nicht der
höchste, aber der bekannteste Berg der Insel
und gilt als Wahrzeichen Gran Canarias. Nur
wenige km trennen ihn vom **Pico de las
Nieves,** der mit 1949 m die Nr. 1 in Sachen
Höhe den besten Panoramablick bis zum Teide
auf Teneriffa bietet. **Cruz de Tejeda,** mit einer
Passhöhe von 1520 m die höchste Passstraße
der Insel, markiert geographisch gesehen fast
genau das Zentrum.

HOTEL UND RESTAURANT
Im € € / € **Parador Cruz de Tejeda** genießt
man eine herrliche Aussicht (Cruz de Tejeda,
E-35328 Tejeda, Tel. 928 01 25 00, www.parador.es).
Das € **Meson La Silla** befindet sich in einer
Höhle, die Terrasse bietet einen prächtigen
Blick in die Bergwelt (oberhalb von Artenara,
zu Fuß durch einen Tunnel erreichbar, Tel.
928 66 61 17).

Genießen   Erleben   Erfahren

DuMont
Aktiv

Surfen lernen bei den Weltmeistern

Windsurfer kennen die Vorzüge von Gran Canaria schon seit
langem, denn Windstille gibt es praktisch nie: Der Nordostpassat ist nicht
nur für das konstante Wetter, sondern auch für schnelle Bretter wichtig.

Über Windstärke drei freuen sich die Gelegenheitssurfer, die –
endlich Urlaub! – auch mal wieder aufs Brett kommen. Bei Windstärke neun
sind dagegen nur die Könner draußen, die mit ihrem bunten Segel entlang
der Küste surfen, als sei der Teufel hinter ihnen her. Schon mehrfach fanden
an der Süd- und Ostküste Weltmeisterschaften statt. Ein Champion, der
Holländer Björn Dunkerbeck, surft (und lebt teil-
weise) seit mehr als 20 Jahren auf Gran Canaria.
Auf 41 Weltmeistertitel hat er es also gebracht.
In Playa del Inglés betreibt der Weltmeister eine
Surfschule, wenngleich er selbst keine Kurse gibt.
Doch manchmal übernimmt Schwester Britt, ebenfalls 17-fache Weltmeisterin, den einen oder anderen
Grundkurs. In der Regel kann man schon am zweiten Tag
seine ersten Meter auf dem Brett fahren. Für Einsteiger sind die Bedin-
gungen während der Sommermonate einfacher als im Winterhalbjahr.

Angeboten wird an fast allen Schulen das komplette Programm:
vom Anfängerkurs über das Training von Beach- und Wasserstart übers
Gleiten bis zur Powerhalse. An Kursangeboten und Verleihstationen mangelt
es auch an anderen Plätzen auf Gran Canaria nicht.

Weitere Informationen

Grund- oder Fortgeschrittenenkurs mit fünf
mal 3 Std. ab 200 €. Brett-Verleih pro Tag ab
15 €, pro Woche ab 140 €.

Anbieter sind neben Dunkerbeck (www.surfbd.
com) u. a. www.lpwindsurf.com und www.
club-mistral.com.

Urlaubsfreude hier – wilde Natur dort

Auf der größten der sieben großen Kanarischen Inseln kommt ein buntes Völkchen zusammen. Fünf Millionen Gäste fliegen pro Jahr nach Teneriffa, das in Playa de las Américas geradezu zu Tode geliebt wird von den vielen Pauschalurlaubern. Doch abseits der Touristenzentren findet sich eine ganz andere, eine wunderschöne Insel, wo man durchaus mal alleine sein kann.

Sie schreitet über einen endlosen Blumenteppich, die Fronleichnamsprozession: Festtagsvorbereitungen in La Orotava

Die Strände von Playa de las Américas sind geradezu ein Synonym für Sonnenurlaub

Die Playa de la Arena in Puerto de Santiago ist einer der Topstrände der Insel.

An der Costa Adeje, nördlich von Puerto Colón, liegt dieser Strand mit dem „Gran Hotel Bahia del Duque"

Mit schützenden
Wellenbrechern:
Playa del Duque an
der Costa Adeje

Lau streicht der Wind über die Haut, grell scheint die Sonne. 15 Grad Unterschied sind es zu Deutschland – mindestens. Was kümmert einen da schon der erste Gewerbegebietseindruck? Denn das Einzige, was Teneriffa auf den ersten Blick nach der Landung auf dem Flughafen Reina Sofía von einer deutschen Vorstadt mit internationalen Auto-, schwedischen Möbelhäusern, amerikanischen Fast-Food-Buden und riesigen Tankstellen unterscheidet, ist die Temperatur.

Teneriffa ist nicht nur die größte, sondern vor Gran Canaria auch die meistbesuchte Insel unter den sieben großen Kanaren-Schwestern. Dass sich fast jeder zweite Inselreisende für den „Kontinent im Kleinen" entscheidet, muss seinen Grund haben. Gut, der Wichtigste liegt auf der Hand: Playa de las Américas mit 300 Sonnentagen im Jahr. Das Riesenstrandgebiet wurde nach einer merkwürdig anmutenden Statue benannt: Weil der Herr Kolumbus mit ausgestrecktem Arm gen Westen deutet. An den Playas im Südwesten, das frühere Fischernest Los Cristianos inbegriffen, gibt es Betonbunker in jeder Preislage, Restaurants von lecker bis abscheulich, Bierflaschen und Champagnergläser, unzählige Geschäfte, in denen scheinbar überall das Gleiche verkauft

wird, viele hübsche Mädchen, böse Buben, schrullige und tiefbraun gebrannte Senioren. Jedenfalls macht man Urlaub in trauter Gesellschaft: Liege an Liege mit Sonnenschirmen wie Strohsoldaten dahinter. Es ist ein Manifest der Badefreuden: Mann und Frau teilen sich den Sand und Strand bis auf den letzten Millimeter. An der Promenade, wo der neueste Fetzen, Muskel-T-Shirts und süße Täschchen ausgeführt werden, sieht es ähnlich aus. Zu Platznot und schlechtem Geschmack kommen allerdings noch Time-Sharing-Verkäufer und

– Sandalen. Es ist so eine Art Generalattacke der Sandalen in allen Formen, Farben, Zuständen – zuweilen garniert mit Krampfadern.

Das Wort Massentourismus scheint wohl an der Playa de las Américas erfunden worden zu sein. Wer sich hier umschaut, wundert sich nicht, dass 75 Prozent der Tinerfeños, die eine Arbeit gefunden haben, ihr Geld direkt oder indirekt durch Tourismus verdienen. Immerhin 3,8 Milliarden Euro Umsatz

werden auf Teneriffa jährlich aus dem direkten Geschäft mit dem Urlaub verzeichnet.

Vamos a la Playa!

Wind, Sonne, Meer, Blick – und jeden Morgen das gleiche lustige Spielchen: Zuerst werden die Frühstücksbüffets in den Hotels geplündert. Dann geht es los: Vamos a la Playa! Zu Tausenden strömen sie in Badelatschen zu ihrem Platz, der 14 Tage lang nicht getauscht wird. Das gilt für den Südwesten wie für die zweite Touristenhochburg, dem im Zen

Teneriffa ist die mit Abstand beliebteste Insel der Kanaren.

trum der Nordwestküste gelegenen Puerto de la Cruz. Dort gibt es allerdings keinen natürlichen Strand, weshalb sich der Altersdurchschnitt der Gäste deutlich nach oben bewegt hat und Deutschland trotz der 15 Grad Temperaturunterschied wieder sehr nahe kommt: auch mit Etablissements wie „Bayerische Bratpfanne" oder „Alt-Heidelberg", in denen Käsespätzle, Bratwurst und Kartoffelsalat serviert werden. 650 000 der gut fünf Millionen Teneriffa-Besucher kommen nun mal aus Deutschland, deshalb gibt es deutsche Bäckereien, Metzgereien und „Fachgeschäfte für deutsche Lebensmittel". Deutschsprachige Zeitungen und Radiostationen sind so selbstverständlich wie die Zweigstelle der Deutschen Bank, die allerdings mit Holperdeutsch in der Bedienungsanleitung an den Geldautomaten ein eher kläglches Stück Heimat abgibt.

Es gibt eine deutsche Autoreparaturwerkstatt, die Allianz-Vertretung, und die Anzahl deutscher Arztpraxen – inklusive Schönheitschirurgie – ist so unüberschaubar geworden wie die Büros der seriösen und unseriösen deutschen Immobilienmakler. Der liebe Richie bietet für Fortgeschrittene, die sich zum Bleiben und Häuslebauen entschlossen haben, „Qualität aus deutscher Hand". Klar, dass da der Frank alle Transporte von Deutschland auf die Insel „schnell und zuverlässig" erledigt.

„Er lässt uns über die geheimnisvollen vulkanischen Kräfte nachdenken."

Alexander von Humboldt, am Fuß des Teide

Wer aber nun glaubt, dass auf Teneriffa, umgerechnet auf die Einwohnerzahl, die meisten Touristen kommen, der war noch nicht im britischen Stratford-upon-Avon. In Shakespeares Geburtsort kommen auf einen Einheimischen 109 Touristen, das ist europäische Spitze, noch vor Venedig, wo das Verhältnis Einheimische zu Touristen bei immerhin 1:94 liegt. Playa de las Américas ist dagegen mit einer Relation von lediglich mal 1:40 geradezu eine Oase. Und die suchen wir!

Insel mit S-Schwund

Und wo ist eine Oase mit einem Verhältnis von 1:1 – oder ähnlich ... Ab in die Berge: 3717 Meter hoch ragt die Teide-Spitze in den Himmel. Wie ein Keil

Puerto de la Cruz: Die Altstadt um die Plaza El Charco ist ein Bummelrevier – tagsüber und natürlich auch abends (oben). In Puertos Botanischem Garten (unten)

Hinter der 1977 von César Manrique entworfenen Poollandschaft der Costa de Martiánez ragen die Häuser des Zentrums auf: Puerto de la Cruz (oben). Ruhiger ist es weiter westlich an Puertos Playa Jardin, ebenfalls ein Entwurf von Manrique (unten)

Der 1971 eröffnete Teleférico de
Teide, eine Seilbahn, führt von der
Caldera de las Cañadas hinauf in
3555 Meter Höhe. Dort ist man dann
rund 200 Höhenmeter unterhalb
des Teide-Gipfels (unten). Blick
vom Fuß der Fortaleza auf den
Pico del Teide – im Vordergrund
Roter Teide-Natternkopf, eine
nur auf La Palma und Teneriffa
vorkommende Art (rechts)

Wanderer bei der Gipfel-
besteigung: Blick vom Teide nach
Norden in Richtung Orotavatal

Mitten im Tenogebirge liegt auf einem Bergsattel das Dorf Masca. Der gleichnamige und wanderbare Barranco führt hinab bis ans Meer

Das Anagagebirge bildet die Nordspitze Teneriffas und ist von steilen Höhen und tief eingeschnittenen Barrancos geprägt

Special

Valle de la Orotava

Humboldts Liebeserklärung

Sein Ziel war Südamerika. Der Kapitän der „Pizarro", die ihn 1799 über den Atlantik bringen sollte, gab ihm aber fünf Tage, um beim Zwischenstopp auf Teneriffa den Teide besteigen zu können.

Alexander von Humboldts Weg führte über das Orotavatal, das Südamerika und den Teide – zumindest kurzzeitig – in den Schatten stellen sollte. Der Wissenschaftler stieg dort vom Esel, soll auf die Knie gegangen sein und gesagt haben: Er habe noch nie ein so mannigfaltiges, anziehendes und durch die Verteilung von Grün und Felsmassen ein so harmonisches Landschaftsgemälde gesehen. Der Ort heißt heute Humboldt-Blick. Und das Valle de la Orotava ist immer noch fruchtbar, sattgrün und wunderschön. Wilde Palmen- und Bananenstauden gedeihen wie vor 200 Jahren. Doch heute kultiviert der Mensch auch Obst, darunter Mango und Papaya, und Gemüse. Viele Bauern leben und arbeiten im Tal. Damals freilich fand Humboldt nicht einmal einen Führer, was ihn aber nicht sonderlich verwunderte: Schließlich kenne er Bewohner der Stadt Schaffhausen, die den Rheinfall auch noch nie aus der Nähe gesehen hätten ...

Humboldt-Blick – in eine heute urbane Region

schiebt sich Spaniens höchster Berg zwischen Playa de las Américas und Puerto de la Cruz. Es gibt Schwarze und Weiße Mondlandschaften, das Refugio de Altavista und vier ältere Herren am Cruz de Fregel auf 2050 Meter Höhe. Sie sitzen stoisch auf einem Mäuerchen, haben Kopf und Hände auf den Spazierstock gestützt und reden. Manchmal zumindest. Dann kurz, bündig. Und meistens ohne „s", wenn es denn auf einen Vokal folgt. Das ist schon für den Spanisch-Anfänger leicht hörbar, aber auch irritierend, da man – etwas unsicher – schnell an einen eigenen Fehler glaubt. Zwar wurde im Spanischkurs ganz sicher „buenos Dias" für „guten Tag" gelehrt – und, nochmals die Kontrolle: So steht es auch im Wörterbuch – aber die Canarios interessiert das wenig. Ihre Begrüßung kommt mit „bueno Dia" ebenso knapp daher wie ihr herzlich gemeintes „danke": „gracia" statt gracias. Selbst die eigene Hauptstadt leidet in der Aussprache oft genug unter dem S-Schwund: Einer der Alten zieht das Handy aus der Hosentasche und telefoniert mit La Palma. Oder doch mit La(s) Palma(s)? Das weiß nur er selbst ...

Überraschende Vielfalt

Aus den 15 Grad Unterschied zu Deutschland sind hier oben in den Cañadas zwar

Zu Fronleichnam fertigen einheimische
Künstler in vier Wochen Sandteppiche aus
Vulkansand aus den Cañadas auf dem
Rathausplatz von La Orotava (Mitte rechts und
S. 47). Zur Romería zu Ehren des hl. Isidro
Labrador, der Wallfahrt eine Woche später,
gehört seit Jahrhunderten ein Umzug mit
Ochsenkarren und Musikgruppen durch La
Orotavas Gassen – eine gute Gelegenheit, die
alten Trachten zu zeigen (oben und rechts
oben und unten).

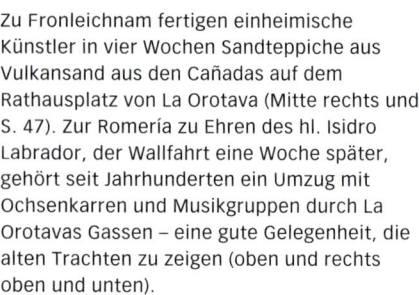

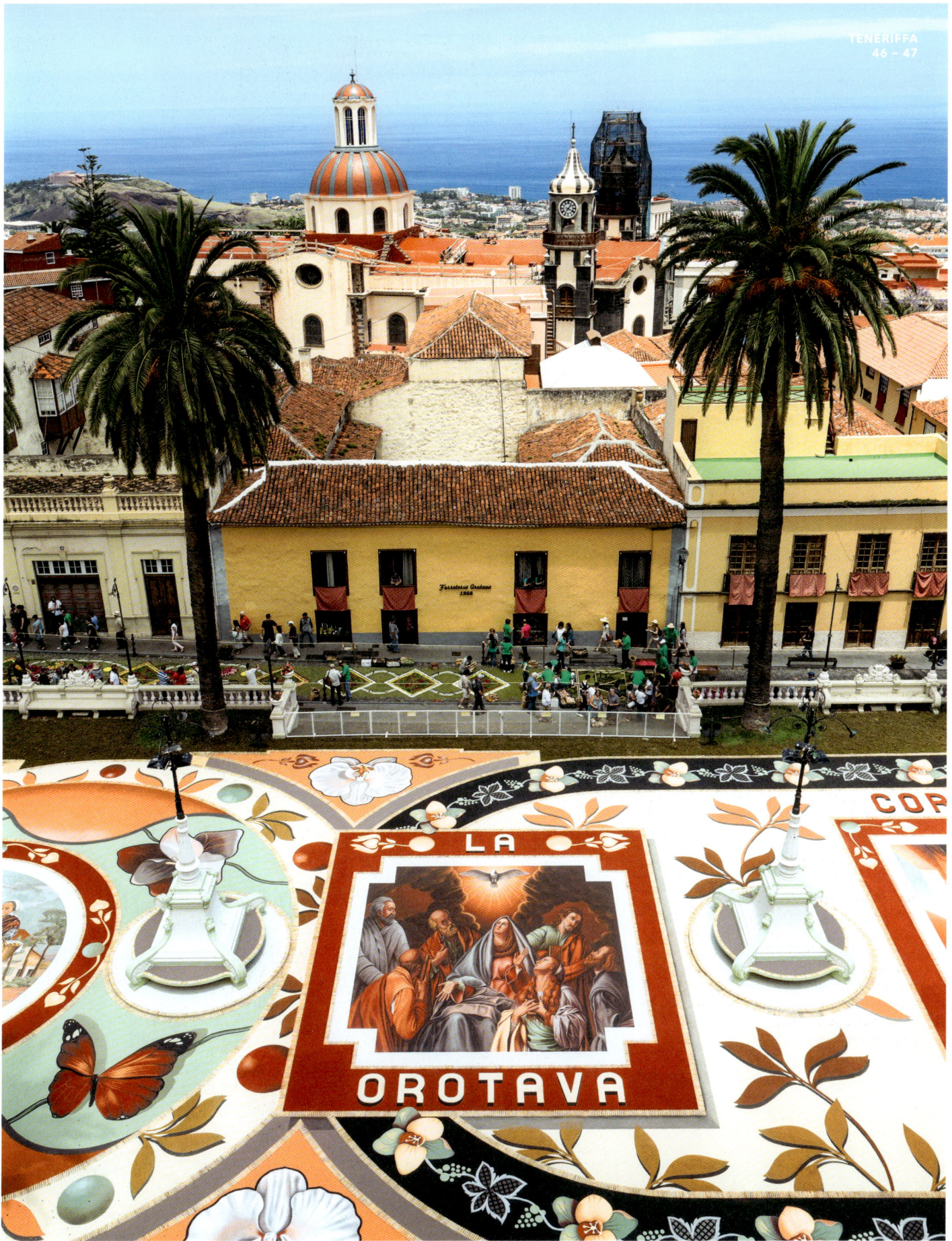

Koloniales Flair zeigt sich an der Plaza de la Concepción in der Altstadt von San Cristobal de la Laguna

Es gibt nur wenige Inseln, die auf so geringem Raum eine derartige Vielfalt und so überraschende Kontraste vereinen wie Teneriffa.

nun nur noch sieben bis acht geworden, doch die Fahrt – mit einem der 50 000 (!) Mietwagen auf der Insel – hat sich gelohnt. Schon, um mal wieder weitgehend alleine zu sein nach dem Massenauflauf an den Stränden der 350 Kilometer langen Küste. Und um ein Teneriffa zu erleben, das man von dem Teneriffa der Klischees eigentlich nicht erwartet!

Die Insel hat derartig frappierende Gegensätze, die es mit sich bringen, dass der Badetourist und der Bergurlauber zwar auf der gleichen Insel Ferien machen, die aber alles andere als dieselbe ist. Teneriffa für sich zu entdecken heißt im Extremfall: Die einen erholen sich im Liegestuhl und im Getümmel, mit Wurst-Bude in der Nähe – das sind gefühlt 99,9 Prozent. Die anderen 0,1 Prozent bewegen sich.

Sie fahren in die fast noch Wildnis der Montañas de Anaga im Nordosten, ins nur einen Katzensprung vom quirrligen Puerto entfernte obere Orotavatal, hinauf zum Teide und den von Wind und Wetter bizarr geschliffenen Roques de Garcia oder in die Weitläufigkeit der Cañadas, wo 500 Meter hohe Felswände die reizvolle Caldera umschließen. Wobei weitläufig hier oben durchaus wörtlich zu nehmen ist. Selbst im Westen ist Teneriffa noch nicht vollkommen touris-

tisch erschlossen, wie das Beispiel Tenogebirge zeigt – zumindest, wenn man zur richtigen Zeit kommt, eben außerhalb der „Buszeiten", wie das idyllisch gelegene und über Jahrzehnte ziemlich „alternativ" stille Bergdörfchen Masca in ziemlich eindrucksvoller Weise dokumentiert.

Blasshäutige Canarios

Und auch die 200 000-Einwohner-Stadt und Inselkapitale Santa Cruz de Tenerife ist eine ganz normale Großstadt, in der rot und braun gebrannte Touristen eher auffallen unter normal blasshäutigen Canarios. Was sogar für Las Teresitas gilt: Der schöne Hauptstadt-Strand ist sichelförmig fein geschwungen, palmengeschmückt und mit gelblichen Sand ausgestattet. Und zwar im Wortsinn ausgestattet, denn dieser Sand stammt – und anders als bei den Dünen auf Gran Canaria – tatsächlich aus der Sahara. Er wurde tonnenweise aus Afrika herangeschifft, denn von Haus aus war die Playa de las Teresitas vulkanschwarz.

Es dürfte übrigens der einzige Strand Teneriffas sein, an dem die Canarios sehr deutlich in der Überzahl gegenüber ihren Gästen aus ganz Europa sind. Da ist das Verhältnis Einheimische zu Touristen sogar umgedreht: mit angenehmen 10:1 ...

Abendliche Szene an der Puente Serrador
in Santa Cruz de Teneriffa (ganz oben). Um
die Iglesia de la Concepción ist noch etwas
ursprüngliches Santa Cruz zu finden (oben)

Das 2003 eingeweihte Auditorio de Tenerife ist zugleich Santa Cruz'
Kongress- und Konzerthalle und Wahrzeichen der Inselhauptstadt. Der sie
umgebende Parque Marítimo wurde von César Manrique entworfen

KARNEVAL

Salsa, Rumba und Merengue

Santa Cruz de Tenerife gilt nach Rio de Janeiro als die zweitgrößte Karnevalshochburg der Welt. Jährlich kommen im Februar mindestens 150 000 Besucher, um im Musik- und Maskentaumel auch ähnlich großartige Umzüge zu beklatschen wie unterm Zuckerhut.

Adtemexi Cruz Hernández aus Santa Cruz ist 27 Jahre alt, Angestellte beim größten Mineralwasserhersteller der Insel, Fuentealta, und seit 2015 ein Star, dem die Insel zu Füßen liegt: Die schöne Adtemexi wurde zur Karnevalskönigin von Teneriffa gewählt. Schon als Kind habe sie davon geträumt, einmal Reina del Carnaval zu werden, bekannte sie nach ihrem Sieg oscarreif. Mit dem Kostüm Aurea gewann sie gegen 13 Mitanwärterinnen diese Krone.

Die Kostüme sind genauso pompös und phantasievoll wie in Rio, und es ist eine harte Arbeit, die bis zu fünf Meter hohen und bis zu 8 Kilogramm schweren Kunstwerke zu tragen. Die Umzüge gelten als die brasilianischsten außerhalb der Sichtweite des Christus auf dem Corcovado. Es wird Musik gemacht und getanzt und das beinahe zwei Wochen lang nonstop. 1987 bekam die Insel sogar einen Eintrag in das „Guinness-Buch der Rekorde" für die größte tanzende Menge auf einem Platz: Mehr als 200 000 Karnevalisten schwangen damals auf der Plaza de España das Tanzbein.

Ein zweiwöchiger Marathon

Die Inselmetropole Santa Cruz platzt während der närrischen Tage aber auch ohne Rekordansinnen aus allen Nähten, bekommt sie doch im Grunde nur an Karneval ein großes Stück vom Tourismus-Kuchen ab. Salsa, Rumba und Merengue übertönen den Stadtverkehr im zweiwöchigen Faschings-Marathon, in dem gern auch kleine Neckereien ausgetragen werden. Etwa, wenn die Schönste von Teneriffa die Karnevalsprinzessin von Gran Canaria auch mal als dralles Schweinchen verulkt. Andere schlüpfen ins täuschend echte Gewand der weltbekannten Miss Piggy, ahmen Fidel Castro nach oder wanken als Charly Chaplin durch die Straßen. Es geht darum, die Leute zum Lachen zu bringen, sie an dem Spektakel teilnehmen zu lassen.

Die Murgas, die satirischen Musikgruppen, wiederum setzen mit einer großen Dosis an Ironie und Doppeldeutigkeit auch scharfsinnige und durchaus sozialkritische Elemente. Die Überzeichnung von Berufsgruppen und Personen, das Repertoire an kritischen und satirischen Texten gehört zu den unverzichtbaren Elementen

Höhepunkt des Karnevals ist der Faschingsdienstag, wenn ca. 20 000 Akteure mit viel Tamtam durch die Straßen von Santa Cruz ziehen

Ein Heer von professionellen Maskenbildnern, Modeschöpfern und Choreografen ist schon Monate im Voraus damit beschäftigt, die aufwändigen Kostüme und Tanzveranstaltungen vorzubereiten.

Informationen

Das **Programm,** genaue **Termine,**
der **Countdown** und weitere **Informationen**
sind auf der Internetseite
www.carnavaldetenerife.com zu erfahren.

des Carnaval de Tenerife, der jedes Jahr unter einem anderen Motto steht. Während der Franco-Diktatur als unmoralisch und heidnisch verboten, überlebte er klammheimlich als getarntes Winterfest.

Ein Trauerzug zum Abschluss

Zum Finale am Aschermittwoch wird ein Sardinensymbol mit einem Trauerzug zum Hafen der Stadt geleitet und dort in Brand gesteckt. Dann ist auch der im positiven Sinne gemeinte Ausnahmezustand in der Inselhauptstadt zu Ende. Die Kehrseite des Karnevals auf Teneriffa: Im mobilen Krankenhaus, dem Hospital del Carnaval, werden jährlich um die 500 Personen behandelt, die meisten wegen Alkoholvergiftungen. 900 Polizisten wachen darüber, dass trotz überbordendem Frohsinn alles weitgehend im gesetzlichen Rahmen bleibt. Und die Müllabfuhr beseitigt um die hundert Tonnen Abfall. Doch trotzdem gilt: Ist die Sardine beerdigt, beginnt nicht nur die Vorfreude, sondern auch der Countdown für den nächsten Karneval – in Wochen, Tagen, Stunden, Minuten und Sekunden live im Internet mitzuverfolgen.

TENERIFFA

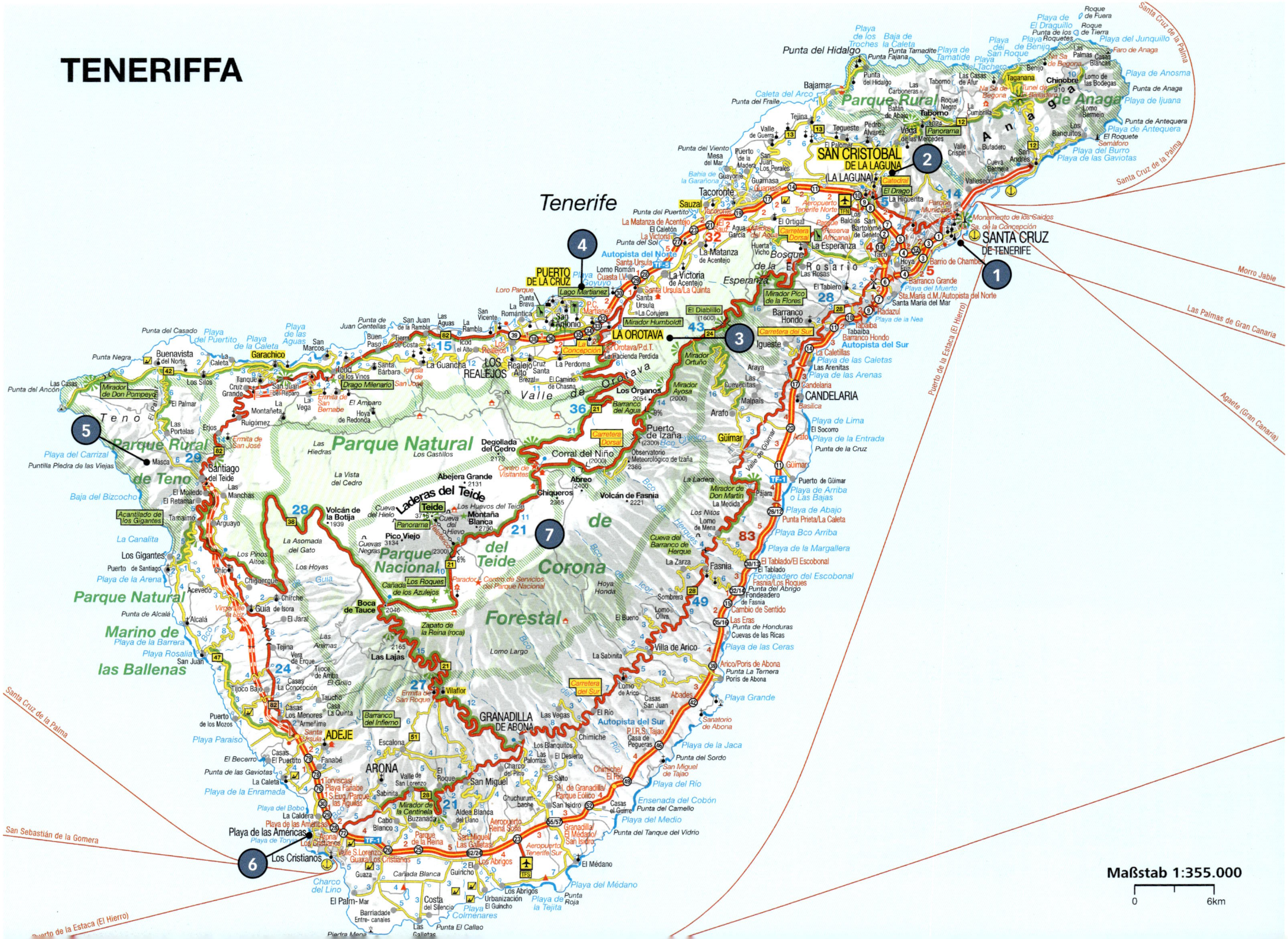
Tenerife
SANTA CRUZ DE TENERIFE
SAN CRISTOBAL DE LA LAGUNA
LA OROTAVA
PUERTO DE LA CRUZ
LOS REALEJOS
CANDELARIA
GRANADILLA DE ABONA
ARONA
ADEJE
Playa de las Américas
Los Cristianos
Parque Rural de Anaga
Parque Rural de Teno
Parque Natural
Parque Nacional del Teide
Corona Forestal
Parque Natural Marino de las Ballenas
Teide
Garachico
Buenavista del Norte
Santiago del Teide
Los Gigantes
Güímar
Fasnia
Villa de Arico
San Miguel
Vilaflor
El Médano
Tacoronte
La Matanza de Acentejo
La Victoria de Acentejo
Valle de Orotava
Autopista del Norte
Autopista del Sur
Punta del Hidalgo
Punta de Anaga
Punta de Teno
Morro Jable
Las Palmas de Gran Canaria
Agaete (Gran Canaria)
Puerto de la Estaca (El Hierro)
Santa Cruz de la Palma
San Sebastián de la Gomera
1
2
3
4
5
6
7
Maßstab 1:355.000
0
6km

Ein paar Superlative dürfen's schon sein ...

Der höchste Berg Spaniens, der wildeste Karneval jenseits von Rio, der größte Papageienpark der Welt und je ein UNESCO-Weltkultur- und Naturerbe: Teneriffa hat etwas zu bieten, gerade auch abseits der 350 Kilometer langen Küste und ihren Stränden, an denen an 300 Tagen pro Jahr die Sonne scheint.

❶ Santa Cruz de Tenerife

Die Inselhauptstadt (gegr. 1494) ist auch Regierungssitz der Autonomen Region Canarias. Sie hat 200 000 Einw., ein historisches Zentrum mit schönen Plätzen, Herrenhäusern und eine Markthalle mit viel Trubel. Bis 1859 war Santa Cruz der Hafen der damaligen Hauptstadt La Laguna. Auf der Straße dorthin hat man, von Vista Bella, die beste Stadtaufsicht.

SEHENSWERT
Rund um die beiden ineinander übergehenden Plätze, die **Plaza de la Candelaria**, das Zentrum der Fußgängerzone, und die **Plaza de España** sowie nahe der **Iglesia de la Concepción** findet man das ursprüngliche Santa Cruz. Die älteste Kirche der Stadt (Urspr. 1502) wurde nach einem Feuer 1653 neu aufgebaut. Die **Calle de la Noria** mit ihren Bars ist ein beliebtes Ziel von Nachtschwärmern.

MUSEEN
Die **Museos de Tenerife** (www.museosde tenerife.org; Kernzeit Di.–Sa. 9.00–20.00, So. und Mo. 10.00–17.00 Uhr) haben Dependancen zu den Themen Mensch und Natur (Calle Fuente Morales, Santa Cruz), Kosmos (Avenida los Menceyes 70, La Laguna) und Anthropologie (Calle San Agustín 22, La Laguna).

VERANSTALTUNGEN
Höhepunkt ist der **Karneval TOPZIEL** (s. S. 50). Beim Wallfahrtsfest zu Ehren von **San Benito Abad** am 12. Juli tragen viele Besucher Tracht.

EINKAUFEN
Zum Markt **Nuestra Señora de África** möglichst gleich ab 6.00 (tgl. bis 14.30 Uhr) kommen!

HOTEL UND RESTAURANT
Das €€€€ **Mencey** ist ein Palais im kanarischen Stil mit Palmengarten und Pool (Calle Doctor José Naveiras 38, E-38004 Santa Cruz, Tel. 922 60 99 00, www.iberostar.com).
Im €€ **La Cazuela** bestellt man den Salzfisch aus der Kasserolle – nichts anderes heißt Cazuela (Calle Robayna 34, Tel. *922 27 23 00*).

Tipp

Wellen, Wind und WM

....

Die **Playa del Médano** ist der längste natürliche Sandstrand auf Teneriffa. Mehr als 3 km zieht er sich an der Südküste, in Flughafennähe, vom Ort El Médano zum Montaña Roja. Seit 2010 findet dort die Weltmeisterschaft für Windsurfer in der Disziplin Waveriding statt. Dann zeigt die Weltelite spektakuläre Wellenritte und verblüffende Sprünge (Termine unter www.pwa worldtour.com).

UMGEBUNG
Die **Montañas de Anaga** (nördl.) sind eine noch ursprüngliche Gebirgslandschaft, ein wahrer Dschungel aus Lorbeerbäumen, Baumheide und Gagelbäumen. 20 km südw. liegt an der Küste die wichtigste Wallfahrtsstätte der Insel: Im Febr. und Aug. wird in **Candelaria** der Virgen de Candalaria, der Schutzpatronin des Archipels, gehuldigt.

INFORMATION
Centro de Visitantes, Plaza de España, E-38003 Santa Cruz de Tenerife, Tel. 922 28 12 87, www.webtenerife.de

❷ San Cristóbal de la Laguna

Die 1496 gegründete alte Inselhauptstadt wurde von der UNESCO zur Welterbestätte erklärt und hat viele historische Gebäude zu bieten. 25 000 der 150 000 Einw. sind Studenten.

SEHENSWERT
Die **Plaza del Adelantado** ist bis heute der wichtigste Platz der Stadt. Von den zahlreichen Häusern mit Geschichte **TOPZIEL** sind zu er-

*Surferhochburg El Médano (oben).
La Lagunas historisches Museum (links oben).
Calle de la Noria in Santa Cruz (links unten)*

wähnen: **Casas Consistoriales, Colegio de las Dominicas** und **Casa de los Capitanes Generales** (alle 16.–18. Jhd.). Weitere schöne Gebäude finden sich in der **Calle San Agustín.**

MUSEUM
Die Casa Lercaro beheimatet das **Museo de Historia y Antropologia.** Allein das Innere lohnt den Besuch (Calle San Agustín 22, www. museosdetenerife.org; Di.–Sa. 9.00–20.00, So. 10.00–17.00 Uhr, www.museosdetenerife.org).

RESTAURANT
€€€ **La Taberna del Oscar** bietet mitten im Zentrum die wohl beste Tapas-Auswahl der Stadt (Calle Heradores 66, Tel. 922 26 5214).

INFORMATION
Centro de Visitantes, Calle La Carrera 7, 38201 San Cristóbal de la Laguna, Tel. 922 63 11 94, www.webtenerife.de

La Orotava

Die historische Altstadt von Orotava (40 000 Einw.; Stadtrecht 1648) konnte in ihrer Gesamtheit bewahrt werden und steht unter Denkmalschutz.

SEHENSWERT
Historische Gebäude mit filigranen Holzbalkonen zeigt besonders die **Calle San Francesco.** Besuchenswert sind auch die Kirchen **San Agustín** (1694), **Santo Domingo** (17. und 18. Jh.) und **Nuestra Señora de la Concepción,** ein barockes Meisterwerk (bis 1788).

VERANSTALTUNGEN
Die Sand- und Blumenteppiche für den **Fronleichnamszug** im Juni sind inselweit bekannt.

EINKAUFEN
In der Fußgängerzone gehen **Stickereien** und **Keramik** direkt aus Künstlerhand über den Ladentisch.

Tipp

Afrika, Amerika und Güímar

Pyramiden gibt es nur in Ägypten und Mittelamerika: Gizeh, Teotihuacán ... Aber was ist mit den Pirámides de **Güímar**? 10 km landeinwärts von Candelarîa überrascht Teneriffas bedeutendstes Zeugnis der Guanchen-Kultur: Sechs bis zu zehn Meter hohe Stufenpyramiden, die auf Winter- und Sommersonnenwenden ausgerichtet sind. Der Anthropologe Thor Heyerdahl sah die Kultstätte der Urkanarier als Bindeglied zwischen den berühmten Pyramiden von Ägypten und Mittelamerika – eine nicht unumstrittene Theorie.

Loro Parque von Puerto de la Cruz (oben). Der tausendjährige Drachenbaum von Icod (rechts oben). Los Roques in der Caldera de las Cañadas und im Hintergrund der Teide (rechts unten

RESTAURANT
Kanarische Tapas in ländlicher Idylle gibt es in €€ **La Bodeguita de Enfrente** in Santa Úrsula (nordöstl.), in der nach Familienrezepten gekocht wird (Carretera Provincial del Norte 205, Tel. 922 30 27 60).

INFORMATION
Centro de Visitantes, Calle Calvario 4, E-38300 Villa de la Orotava, Tel. 922 32 30 41, www.webtenerife.de

Puerto de la Cruz

Das Zentrum von Puerto de la Cruz (30 000 Einw.) ist historisches Nationalgut. Seefahrtsatmosphäre mit alten Fischerhäuschen des einstigen Hafens von La Orotava trifft auf Massentourismus mit auch unansehnlichen Hotels. Beliebt ist die schwarze Playa Jardin.

SEHENSWERT
Auf der zentral gelegenen **Plaza del Charco** läuft alles zusammen: die Fußgängerzone, die zur Wallfahrtskapelle **San Telmo** (1780) führt, die **Casa Miranda** mit Teakholzbalkonen (1730), das historische Hotel Marquesa (1712), die schlichte Kirche **Peña de Francia** (17. Jh.) und das ehem. Zollhaus Casa de la Aduana (17. Jh.). Besuchenswert ist auch der **Jardin Botánico** im Ortsteil La Paz.

AKTIVITÄTEN
Der **Loro Parque** ist der größte Papageienpark der Welt. Es gibt aber auch Löwen, Krokodile, Affen und die beliebte Orca-Show (www.loro parque.com; tgl. 8.30–18.45 Uhr).

HOTEL UND RESTAURANT
Angenehm ist das €€ **Hotel Marquesa** im Zentrum (Calle Quintana 11, E-38400 Puerto de la Cruz, Tel. 922 38 31 51, www.hotel marquesa.com).
Das €€ **Rincón del Mar** wirkt von außen nicht gerade einladend, innen aber gemütlich, und die Fischgerichte sind überzeugend (Calle Dacil 17, Tel. 922 37 51 00).

UMGEBUNG
Der **Drago Milenario,** der tausendjährige Drachenbaum in **Icod** (westl.), ist eines der meistfotografierten Motive. **Garachico** ist ein hübscher Ort mit Natur-Wasserpools.

INFORMATION
Centro de Visitantes, Calle Las Lonjas, E-38400 Puerto de la Cruz, Tel. 922 38 60 00, www.puerto-cruz.com

⑤ Masca

Das pittoreske Bergdorf wird trotz unzähliger Haarnadelkurven auf der Anfahrt häufig von Bussen überflutet. Einige Häuser stehen gefährlich nahe an schmalen Felsgraten.

AKTIVITÄT
Sechs Stunden dauert der Fußmarsch durch den **Barranco de Masca** zum Meer.

RESTAURANT
€ **Chez Alette** bietet zum phantastischen Blick einfache, gute Küche (La Piedra, Tel. 922 86 34 59).

UMGEBUNG
Im Norden reizt die **Punta de Teno,** eine Felsnase mit Leuchtturm und Blick in den Süden nach **Los Gigantes,** wo 500 m hohe Klippen abrupt ins Meer abfallen. Südl. davon wartet die **Playa de la Arena** mit schwarzen Lavasand.

INFORMATION
Centro de Visitantes, Avenida José González Forte 10, Acantilado de los Gigantes, E-38663 Santiago, Tel. 922 86 81 86, www.webtenerife.de

⑥ Playa de las Américas

1966 gegründet, bildet der Strand mit **Los Cristianos** und **Costa Adeje** eines der bedeutendsten Tourismuszentren Europas.

SEHENSWERT

Die 12 km lange **Strandpromenade** verbindet mehrere Orte. Neben dem schönen Jachthafen von Puerto Colón sind auch immer wieder Bausünden zu sehen. **Los Cristianos** hat noch einen kleinen alten Ortskern.

AKTIVITÄTEN

Tagsüber Strand, nachts Party …
Für Familien mit Kindern: Es gibt den **Jungle Park** mit vielen Vögeln (www.aguilasjunglepark.com), den **Monkey Park** mit Affen, Löwen, Krokodilen (www.monkeypark.com) und natürlich den **Siam Park** mit spektakulärer Wasserrutsche (www.siampark.net).

HOTEL UND RESTAURANT

Architektonisch gelungen ist das €€€ **Hotel Jardín Tropical** mit einem Dutzend Pools (Calle Gran Bretaña, E-38660 Costa Adeje, Tel. 922 74 60 00, www.jardin-tropical.com). Einheimische gehen wegen der Tapas ins € **La Tasca de mi Abuelo** (Los Cristianos, Calle San Marino, Tel. 922 79 44 66).

INFORMATION

Centro de Visitantes, Avenida Juan Carlos I., E-38650 Los Cristianos, Tel. 922 75 71 30, www.arona.travel

⑦ Parque Nacional Teide

Der Teide ist das Wahrzeichen der Kanaren, mit 3718 m höchster Berg Spaniens und seit 2007 Weltnaturerbestätte der UNESCO.

SEHENSWERT

Die Seilbahn bringt Besucher bequem hinauf (tgl. 9.00–16.00 Uhr). Rund um den noch aktiven **Vulkan TOPZIEL** finden sich Traumlandschaften: die Gesteinsformationen von **Los Roques de Garcia**, die **Caldera von Las Cañadas** mit ihren 500 m hohen Wänden oder auch das **Cruz de Fregel** mit winziger Kapelle am nördlichsten Punkt des Nationalparks.

UNTERKUNFT

Das € **Refugio de Altavista** liegt auf 3270 m (Tel. 922 01 0440, teleferico@telefericoteide.com). Der einfache € **Parador Las Cañadas del Teide** nahe Los Roques (Las Cañadas del Teide, E-38300 La Orotava, Tel. 922 38 64 15, www.parador.es).

UMGEBUNG

Bimssteinkegel in einer weißen Mondlandschaft lohnen den Abstecher von der TF-21 bei **Vilaflor**.

INFORMATION

Centro de Visitantes, nördl. Nationalpark-Eingang, Tel. 922 83 92 20, www.webtenerife.de

---

Wanderers Gipfelglück

DuMont Aktiv

Die landschaftliche Vielfalt rund um den Teide ist ideal für einfachere Wanderungen und mittelschwere Bergtouren. Zudem lockt der Tenerife Bluetrail Extremsportler.

Die Seilbahn macht es möglich: In nicht mal zehn Minuten ist der mit Bergschuhen und Stöcken bewaffnete Franz aus dem bayerischen Oberau auf 3500 Metern angelangt. „Den Teide wollt' ich schon immer mal machen", schmunzelt er, und geht gleich los in Richtung Wanderweg Nr. 10: den Gipfelpfad. Er weiß, die 700 Meter Weg und 180 Höhenmeter ist die Teide-light-Version. „Aber wo kann ich als Wanderer ohne Klettererfahrung schon mal bis auf 3718 Meter kommen?" Er hat vorgesorgt und sich die nötige Genehmigung vorab aus dem Netz besorgt. Der Teide ist nicht nur Spaniens höchster Berg, sondern auch der dritthöchste Inselvulkan der Erde, 756 Meter höher als die Zugspitze, und gehört samt Nationalpark zum UNESCO-Weltnaturerbe. Welchen Weg man auch wählt: Überall sind bizarre Felswände, kantige Massive und terrassierte Hänge zu bestaunen. Es sei denn, eine fette graue Wolkenbank verdüstert die paradiesische Szenerie.

Auch anspruchsvollere Bergtourengeher kommen auf ihre Kosten. Zwölf markierte Wege, die allerdings nicht verlassen werden dürfen und zwischen drei und 15 Kilometern lang sind, stehen im Nationalpark zur Wahl. Außerdem bietet das Refugio Altavista auf 3270 Metern Höhe 54 Schlafplätze – aber immer nur für eine Nacht. Wer es heftiger wünscht, für den gibt es den Tenerife Bluetrail. Im Oktober geht es von Los Cristianos auf den Teide auf eine Höhe von 3555 Metern und weiter nach Puerto de la Cruz – knapp 94 Kilometer und 5800 Meter Höhenmeter sind dabei zu bewältigen.

Informationen

Die **Bergbahn** zum Teide verkehrt tgl. von 9.00 bis 16.00 Uhr (Preis für Touristen 27 €, für Einheimische 13,50 €). Die Genehmigung für die **Gipfeltour** ist vorab einzuholen unter www.reservasparquesnacionales.es. Informationen zu **weiteren Touren** unter www.pico-del-teide.com/wandern-teide-nationalpark.html. Reservierung fürs **Refugio Altavista** unter Tel. 922 01 04 40 oder teleferico@telefericoteide.com. Anmeldungen für die **Extremtour** unter www.tenerifebluetrail.com

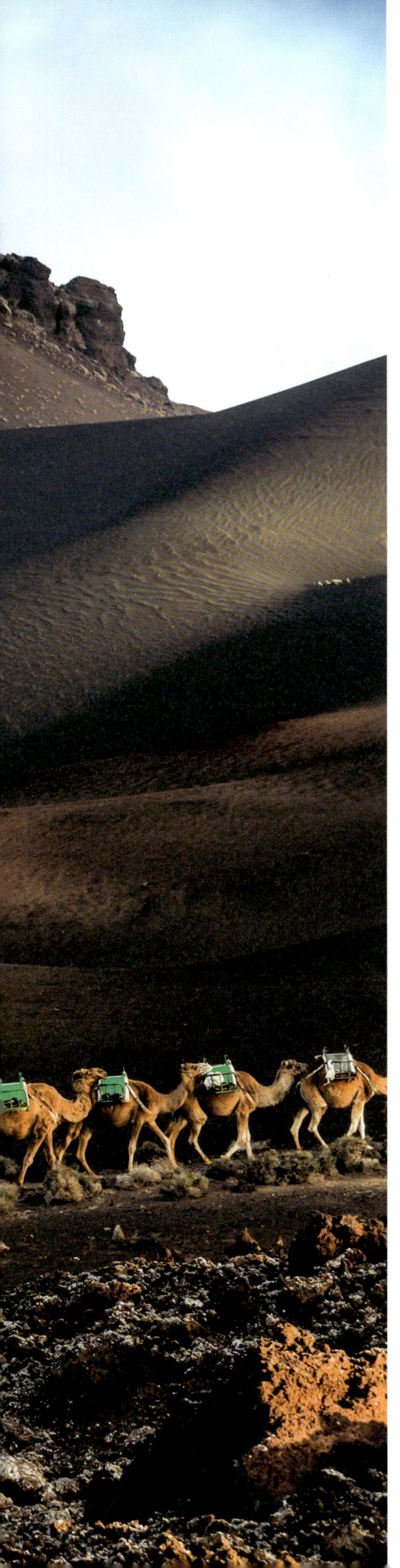

Hübscher als Penelope

Nirgends in Europa prallen die vier Elemente Feuer, Wasser, Erde und Luft intensiver und aufregender aufeinander als auf Lanzarote. Nirgendwo wirkt eine so karge Insel faszinierender. Deshalb hat der Künstler César Manrique Mutter Erde bei ein paar letzten Details etwas geholfen und der Filmemacher Pedro Almodóvar dem Eiland einen Film geschenkt.

In Lanzarotes Timanfaya-Nationalpark: Kamele auf dem morgendlichen Weg zum Sammelplatz für Touristentouren

In Guatiza ist der Jardín de Cactus zu finden, von César Manrique entworfen; rund 10 000 Kakteen sind in dem schönen Garten zu bewundern, und eine Windmühle erinnert an die bäuerliche Vergangenheit (oben). Eine Kameltour gehört einfach dazu: Timanfaya-Nationalpark (unten)

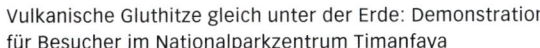

Vulkanische Gluthitze gleich unter der Erde: Demonstration
für Besucher im Nationalparkzentrum Timanfaya

Seit ewigen Zeiten nagt das Meer gischtend am
Vulkangestein: Los Hervideros südlich von El Golfo

Ach Gott, was haben die für einen Aufwand betrieben", sagt Kellner Julio und langt sich an den Kopf. Von der Terrasse seines Restaurants „Costa Azul" konnte er genau beobachten, wie Spaniens Kultregisseur Pedro Almodóvar und sein Team die wildromantische Bucht im Südwesten der Insel als Kulisse mit Tag und Nacht tosender Brandung einfingen. „Kräne, Schienen für Kamerafahrten, alles hatten die!" Almodóvars Tross zählte fast so viele Leute wie El Golfo Einwohner hat. Aber die 131 Golfianer fühlten sich nicht gestört. Schließlich ist der Star des Films „Los Abrazos Rotos" kein Schauspieler – und das trotz der hübschen Penelope Cruz in der Hauptrolle. Der eigentliche Star des Films ist allein ihre Insel: Lanzarote.

Überdies sind sie in El Golfo an Invasionen gewöhnt. In der Hochsaison fallen ab 11.00 Uhr die Touristen ein, werfen einen Blick auf die nahe olivgrüne Lagune, sammeln im schwarzen Sand ein paar Olivine, um dann in den sieben Fischrestaurants des Dorfs ein wunderbares Mittagessen zu sich zu nehmen.

Almodóvars erster Besuch in El Golfo verlief komplett anders. Von der Aussichtsplattform oberhalb des Lavastrandes sah er ein sich küssendes Pärchen. Die Liebenden in dieser archaisch anmutenden Landschaft inspirierten den Regisseur zu „Los Abrazos Rotos", eine Liebesgeschichte mit viel Leidenschaft und Landschaft. „Ich habe in der Natur noch nie solch dramatische Farben gesehen – so dunkel und so originell", beschreibt Almodovar seine Eindrücke von Lanzarote. Kein Wunder, dass deshalb auch der Timanfaya-Nationalpark mit seinen mondähnlichen schwarzroten Lavafeldern und den Feuerbergen Drehorte waren. Die Montañas del Fuego lassen jeden staunen ob der tiefen Krater, idealtypischen Kegel und bizarren Lavaformationen. Das ist Lanzarote pur. Eine Wüste aus Lavastein: 200 Quadratkilometer Lavafelder, die zu den weitläufigsten auf unserem Planeten gehören. Ein Viertel der Inselfläche! Wahrscheinlich sind auch deshalb die vier Elemente Feuer, Wasser, Erde und Luft so nah, so greifbar. Denn die Naturgewalten treffen direkt aufeinander: Bei Los Hervideros, unweit der Feuerberge, wo der Wind die Wellen an die schwarze, schroff zerklüftete, unwirklich anmutende Vulkanküste peitscht, oder bei Famara, wo sich die Berge den Drei-Meter-Wasserwellen wie eine überdimensionale Steinwelle entgegenstemmen. Auch diesen wilden, den Surfern bestens bekannten Platz im Nordwesten fanden die Motivscouts.

Weinanbau als Welterbe

Alle Filmschauplätze sind leicht auf einer guten Lanzarote-Landkarte zu finden und können mit dem Mietwagen an- oder nachgefahren werden: etwa am Kreisverkehr bei Mozaga, dessen Mitte ein überdimensionales Windspiel des bekanntesten Inselkünstlers César Manrique dominiert, und auf der schmalen Landstraße durch La Geria, einem der schönsten Weinanbaugebiete der Welt und Weltkulturerbe, wo in schwarzen Lavafeldern zarte Rebstöcke grünen. La Carretera LZ-30 diente als Strecke für eine aufregende Autoverfolgungsjagd.

Die Kanarischen Inseln über einen Kamm zu scheren, wie es häufig getan wird, war schon immer falsch. Schließlich hat jede Insel ihr eigenes Profil. Pedro Almodóvar aber gelang es in seinem Film, Lanzarote als einmalig darzustellen: schroff und wild, faszinierend, geheimnisvoll und auch irgendwie abweisend. Eben ganz anders als an den Gestaden von Teneriffa, Gran Canaria oder eben auch Puerto del Carmen, Playa Blanca und Costa Teguise, wo 90 Prozent der rund zwei Millionen Lanzarote-Urlauber, davon 15 Prozent Deutsche, ihre Ferien verbringen und viele von ihnen keine Ahnung haben, welche Naturschätze nur ein paar Kilometer weit entfernt liegen.

Mehr weiß als schwarz

Lanzarote ist einzigartig, aber die Insel kämpft mit einem Image-Problem. Und vielleicht hat Pedro Almodóvar auch daran ein bisschen Schuld. „Unser Problem ist, dass die Leute automatisch denken: Lanzarote ist eine Vulkan-Insel. Dann müssen dort auch schwarzsandige Strände sein. Tatsache aber ist: Von unseren 70 Stränden haben gerade sechs dunklen Sand! Während Teneriffa über gar keine natürlichen hellen Strände verfügt", sagt Denis Garcia, der Insel-Repräsentant in Deutschland. Am Südzipfel findet sich der beste Beweis: Die hellen Playas del Papagayo gehören zu den schönsten unverbauten Stränden im Archipel.

Lanzarote besitzt aber auch, als eine der wenigen Inseln in Europa, ein echtes Alleinstellungsmerkmal: Denn wer hat schon einen so bekannten inseleigenen Künstler? Der 1992 verstorbene César Manrique ist mit seinen Werken fast überall auf der Insel präsent. Und dass aus dem Armenhaus Lanzarote eine Marke wurde, ist durchaus dem 1919 in der Inselhauptstadt Arrecife geborenen Maler, Bildhauer, Architekten und Umweltschützer zu verdanken. Er gestaltete Lavatunnel und Wohnhöhlen, einen Kakteengarten und das abstrakte Windspiel zu Ehren der Inselbauern. Seine Kunst traf den Geschmack der 1990er-Jahre. Früh genug, um Lanzarote vom Massentourismus Teneriffas oder Gran

„Auf Lanzarote zu leben, ist ein unbezahlbares Privileg."

Literatur-Nobelpreisträger José Saramago

Canarias abzuheben, gigantische Urlaubskomplexe per Gesetz verhindern zu lassen und der Insel einen bis heute gebliebenen Öko- und Schöngeist-Touch zu verleihen. „Jeder Mensch", sagt der Schriftsteller José Saramago, trägt eine innere Landschaft in sich. Ich habe das Glück, meine auf Lanzarote gefunden zu

Lanzarotes Südspitze: Playas del Papagayo (oben). Nach El Golfo für ein gutes Essen in einem der Fischrestaurants (unten)

Im Nordwesten der kleinen Insel La Graciosa liegt ein Bilderbuch-strand: Playa de las Conchas (oben). Das „Hotel Princesa Yaiza" ist ein beliebtes Familienhotel direkt am Strand von Playa Blanca (unten)

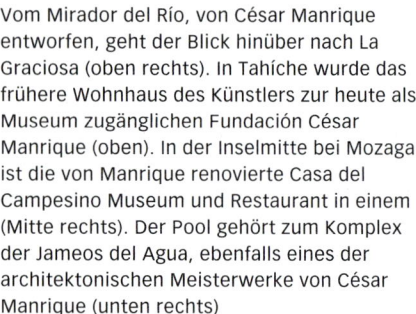

Vom Mirador del Río, von César Manrique
entworfen, geht der Blick hinüber nach La
Graciosa (oben rechts). In Tahíche wurde das
frühere Wohnhaus des Künstlers zur heute als
Museum zugänglichen Fundación César
Manrique (oben). In der Inselmitte bei Mozaga
ist die von Manrique renovierte Casa del
Campesino Museum und Restaurant in einem
(Mitte rechts). Der Pool gehört zum Komplex
der Jameos del Agua, ebenfalls eines der
architektonischen Meisterwerke von César
Manrique (unten rechts)

Zur Fundación César Manrique gehört das ehemalige Wohnhaus des Künstlers in Tahíche

haben." Seine letzten Lebensjahre verbrachte der Literatur-Nobelpreisträger auf Lanzarote. 2010 verstarb er in dem Dorf Tías.

Die Insel als Gesamtkunstwerk

Mit Jason de Caires Taylor, der vor der Karibik-Insel Grenada den ersten Unterwasserskulpturenpark entwickelte, reiht sich noch ein Künstler ein, Lanzarote eine besondere Note zu geben. Demnächst soll vor Playa Blanca in 14 Metern Tiefe das Museo Atlantico entstehen und 300 Skulpturen zeigen. Die eigentliche Künstlerin für das Gesamtkunstwerk Lanzarote ist jedoch, trotz aller bekannten Namen, Mutter Erde. Tief unter dem

Meeresgrund brodelte die Erde. Getrieben von der gewaltigen Kraft explosiver Gase türmte sich aus einem Vulkanschlot soviel Magma auf, bis dieser aus der Wasseroberfläche trat. Unmengen glühender Lava ließen so vor rund 20 Millionen Jahren Lanzarote entstehen, die, nach Fuerteventura, zweitälteste der sieben Inselschwestern. Die Unterwasseraktivitäten, schätzen Tektoniker, hätten insgesamt mehr als hundert Millionen Jahre gedauert. Und so kommt es, dass selbst strikte Anti-Esoteriker auf dieser Insel enorme Energien spüren, wo an magisch anmutenden Orten wie El Golfo Zeit und Raum verfliegen. Wo die Vulkanberge und -landschaften wie Kunstwerke er-

scheinen, sanft und anmutig aus der Ferne, schroff und abweisend aus der Nähe. Wo man eine dramatische Endzeitstimmung spüren und wo man gleichzeitig eine unglaubliche Ruhe finden kann.

Die geheimnisvoll Feurige war weltweit das erste Eiland, das vollständig zu einem Biosphärenreservat erklärt wurde. Da passt es bestens, dass ein Künstler wie César Manrique Mutter Erdes großartiges Werk noch punktuell verschönert, der Literatur-Nobelpreisträger José Saramago dort seine „innere Landschaft" gefunden und ein Filmemacher wie Pedro Almodóvar sich in diese Insel verliebt und ihr einen Film geschenkt hat.

DIE WEININSEL

Wenn der Bauer zum Künstler wird

*Lanzarote ist mit seinem Weinanbaugebiet La Geria in illustrer Gesellschaft –
mit Burgund und Champagne, Tokaj und dem Mittelrheintal. All diese Gebiete sind
Weinregionen und gleichzeitig auch Welterbestätten.
Aber keine hat einen so hohen künstlerischen Wert wie La Geria.*

Bodega La Geria an der Carretera de la Geria:
Weinstöcke in ihrem Zoco, einem Schutzmäuerchen

Jahrhundertelang mussten die Menschen auf Lanzarote erfinderisch sein, um zu überleben. Um Wein anzubauen, gruben die Bauern Kuhlen in die schwarzen Lavafelder und bauten um jede einzelne eine halbrunde Mauer aus Natursteinen, um die zum Teil mickrigen Weinstöcke vor dem scharfen Nordwind zu schützen. Alle Arbeiten mussten und müssen wegen der Mauern und der Schicht aus Vulkansand manuell ausgeführt werden. Und jede Ernte ist deshalb bis heute eine Schinderei.

Benannt ist das Gebiet nach dem Dorf La Geria, das selbst sehr klein ist und lediglich aus ein paar Häusern besteht. La Geria, im geographischen Zentrum von Lanzarote, ist weltweit einzigartig. Jeder, der zwischen Yaiza und San Bartolomé am Rand des Timanfaya-Nationalparks auf der LZ-30 fährt, bestätigt das. Denn jeder hält nicht nur ein- oder zweimal, sondern mehrfach, weil sich immer wieder neue Fotomotive auftun. Besonders stimmungsvoll erscheinen die

Wein-Lavafelder nachmittags, wenn die tiefer stehende Sonne das Gebiet in warmes Licht hüllt und die Schatten wunderbare Lichtspiele erzeugen. Für diese 15 Kilometer brauchen so manche Touristen mehrere Stunden! Auch Wanderungen durch das Weingebiet werden angeboten, und es gibt sogar den schweißtreibenden WineRun durch La Geria.

Das Beste daraus machen
Bei den letzten Vulkanausbrüchen auf der Insel zwischen 1730 und 1736 kam es zu schweren Niederschlägen von Vulkanasche. Dabei entstanden

die steinigen, etwa zwei Meter dicken sogenannten Lapilli-Schichten. Um wieder fruchtbaren Boden zu bekommen, gruben die Weinbauern in diese erstarrten Schichten jene trichterförmigen Vertiefungen und setzten jeweils nur einen einzigen Weinstock hinein. Ein Zoco, die halbrunde Steinmauer aus Lavabrocken, schützt die Pflanze gegen die austrocknenden Passatwinde. Der Kontrast zwischen schwarzer Lava und grünen Reben und die Formgebung der halbrunden Mauern und trichterförmigen Minikrater bringt Landschaftsästheten ebenso zum Staunen wie Winzer,

Nicht alle Weinstöcke
stehen in einem Zoco,
wachsen aber immer in
Lapilli: Winzerbetrieb
„El Grifo"

Bodegas „Rubicón" in La Geria:
Weinkeller, Verkauf und Verkostung

die so eine spezielle Trockenanbau-
methode noch nirgendwo anders
gesehen haben. Die ständige Wasser-
knappheit durch die geringen Nieder-
schläge, sowie der Wind haben die
kanarischen Bauern zu dieser phan-
tasievollen und mühevollen Arbeit
gezwungen. Die Krater übernehmen
die Funktion eines Trichters, in dem
das wenige Wasser bestmöglich der
Pflanze zugute kommt. Bei maximal
200 Millimetern Niederschlag pro
Jahr ist jeder Tropfen wichtig. Die
Lapilli-Schicht speichert nachts Tau-
wasser und hindert den Boden vor
dem Austrocknen. Weiteres dringend
benötigtes Wasser wird über die Luft
gewonnen. Durch die tiefer gesetzten

Weinstöcke kann die Luftfeuchtigkeit
von den Pflanzen besser aufgenommen
werden. Die gesamte Region ist mit
ihren Vulkanhängen und Ebenen
durch Tausende von Mulden geprägt,
aus denen die kleinen, leuchtend grünen Weinreben hervorstechen.

Klimafeste Trauben

Bevorzugt angebaut werden die Rebsorten Malvasía, ein schwerer gelb-
licher Weißwein, und der Süßwein
Moscatel, die sich an das für Trauben nicht gerade einfache Klima
angepasst haben. Bei mehreren
Weingütern darf auch probiert und
eingekauft werden. Auch die älteste
Weinkellerei der Kanaren, „El Grifo",
Familienunternehmen seit 1775, liegt
im Gebiet La Geria. Dort baut man
auch einen schweren roten Syrah und
Bio-Weine an. Im kleinen Museo del
Vino kann man sich zudem über dieses faszinierende Weinanbaugebiet
informieren. Es ist heute mit mehr als
50 Hektar das Größte der Kanaren.
Knapp zwei Millionen Liter Wein
werden jährlich produziert. Allein „El
Grifo" erntet um 600 000 Kilogramm
Trauben pro Jahr – daraus werden
etwa 500 000 Flaschen Wein.

César Manrique widmete sein Monumento al Campesino bei San Bartolomé den Bauern, die auf ihrem Land
zu Künstlern wurden. Er entwarf
auch das Firmenlogo von „El Grifo"
und das Denkmal am Eingang zur
Bodega, und Manrique war es, der
vorschlug, aus dem ehemaligen Weinkeller ein Museum zu machen. Zu
sehen sind alte Utensilien und Maschinen, wie Weinpressen, Pumpen,
Keltermaschinen, Destilliergeräte und
Fässer, allesamt aus dem 19. und
frühen 20. Jahrhundert. Die ange-
schlossene Bibliothek über Weine
umfasst rund 5000 Werke.

Schon in den 1960er-Jahren erklärte
das Museum of Modern Art in New
York La Geria zu einem Gesamtkunstwerk. 1993 vergab die UNESCO die
Auszeichnung Weltkulturerbe der
Menschheit. Im Burgund gibt es sicher
besseren Wein, und das Mittelrheintal
mit seinen Burgen mag romantischer
sein. Aber dennoch können sich beide
Gebiete nur schwer mit der Einzig-
artigkeit von La Geria messen.

Informationen

....

Weingut „El Grifo" mit Museum, Carretera LZ-30 bei Kilometer
11, Tel. 928 52 40 36, www.elgrifo.com; tgl. 10.30–19.00 Uhr.
Informationen zu **Wanderungen** durch La Geria auf
www.lanzaroteactiveclub.com, zum **WineRun** über 10 oder
über 21 km unter www.lanzarotewinerun.com

Ein liebliches Angebot
der Bodega „El Grifo": der
Malvasía Volcánica Canari

LANZAROTE

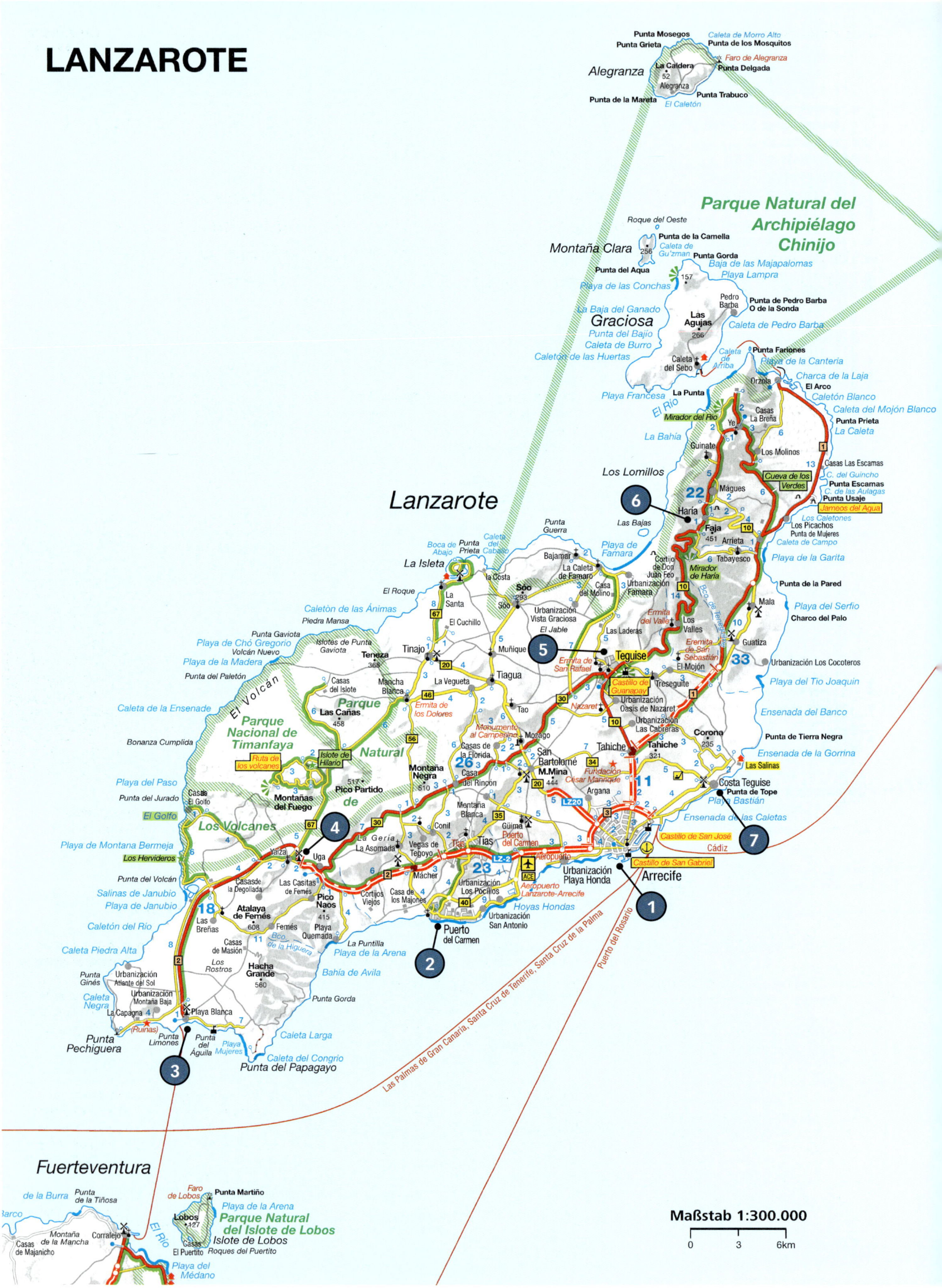

Punta Mosegos
Punta Grieta
Caleta de Morro Alto
Punta de los Mosquitos
Faro de Alegranza
Alegranza
La Caldera
52
Alegranza
Punta Delgada
Punta de la Mareta
El Caletón
Punta Trabuco
Parque Natural del Archipiélago Chinijo
Roque del Oeste
Montaña Clara
256
Punta de la Camella
Caleta de Gu'zman
Punta Gorda
Punta del Aqua
Baja de las Majapalomas
Playa Lampra
Playa de las Conchas
157
Pedro Barba
Punta de Pedro Barba O de la Sonda
La Baja del Ganado
Graciosa
Las Agujas
266
Caleta de Pedro Barba
Punta del Bajío
Caleta de Burro
Caletón de las Huertas
Caleta del Sebo
Caleta de Arriba
Punta Fariones
Playa de la Canteria
Charca de la Laja
Orzola
El Arco
Caletón Blanco
Caleta del Mojón Blanco
Playa Francesa
La Punta
El Río
Mirador del Río
Casas La Breña
Ye
Punta Prieta
La Caleta
La Bahía
Guinate
Los Molinos
13
Casas Las Escamas
C. del Guincho
Los Lomillos
Cueva de los Verdes
Punta Escamas
C. de las Aulagas
22
Mágues
Punta Usaje
Jameos del Agua
6
Lanzarote
Haría
Los Caletones
Las Bajas
Los Picachos
Punta de Mujeres
Faja
451
Arrieta
Caleta de Campo
Punta Guerra
Playa de Famara
Tabayesco
Playa de la Garita
Bajamar
La Caleta de Famara
Cortijo de Don Juan Feo
Mirador de Haría
Boca de Abajo
Punta Prieta
Caleta del Caballo
La Isleta
La Costa
Casa del Molino
Urbanización Famara
Punta de la Pared
El Roque
Sóo
293
La Santa
Urbanización Vista Graciosa
Mala
Playa del Serfio
Charco del Palo
Caletón de las Ánimas
Piedra Mansa
El Cuchillo
Ermita del Valle
Los Valles
El Jable
Las Laderas
Punta Gaviota
Islotes de Punta Gaviota
Playa de Chó Gregorio
Volcán Nuevo
Teneza
368
Tinajo
Muñique
5
Teguise
Guatiza
Playa de la Madera
Punta del Paletón
Ermita de San Rafael
Eremita de San Sebastián
El Mojón
33
Urbanización Los Cocoteros
Casas del Islote
Mancha Blanca
Tiagua
Castillo de Guanapay
Teseguite
Playa del Tío Joaquín
Caleta de la Ensenada
El Volcán
La Vegueta
Parque Nacional de Timanfaya
Las Cañas
458
Ermita de los Dolores
Tao
Nazaret
Urbanización Oasis de Nazaret
Ensenada del Banco
Urbanización Las Cabreras
Monumento al Campesino
Mozaga
Corona
235
Punta de Tierra Negra
Bonanza Cumplida
Casas de la Florida
26
San Bartolomé
Tahiche
Tahíche
321
Ensenada de la Gorrina
Las Salinas
Ruta de los volcanes
Islote de Hilario
Parque Natural de Los Volcanes
Montaña Negra
510
Casa del Rincón
M.Mina
444
Fundación César Manrique
11
Costa Teguise
Punta de Tope
Playa Bastián
Playa del Paso
Punta del Jurado
Casas El Golfo
517
Pico Partido
Argana
Montañas del Fuego
Montaña Blanca
El Golfo
Ensenada de las Caletas
Conil
Güime
Puerto del Carmen
Castillo de San José
7
4
La Geria
La Asomada
Vegas de Tegoyo
Tías
Playa de Montana Bermeja
Los Hervideros
Yaiza
Uga
Aeropuerto
Cádiz
Castillo de San Gabriel
Urbanización Playa Honda
Arrecife
Punta del Volcán
Casas de la Degollada
Las Casitas de Femés
Mácher
23
LZ-2
LZ20
ACE
Urbanización Los Pocillos
Aeropuerto Lanzarote-Arrecife
Salinas de Janubio
Playa de Janubio
Pico Naos
415
Cortijos Viejos
Casa de los Majones
1
18
Atalaya de Femés
608
Hoyas Hondas
Urbanización San Antonio
Caletón del Río
Las Breñas
Femés
Playa Quemada
Puerto del Carmen
Bco. de la Higuera
La Puntilla
Playa de la Arena
Casas de Masión
2
Caleta Piedra Alta
Los Rostros
Hacha Grande
560
Bahía de Avila
Puerto del Rosario
Las Palmas de Gran Canaria, Santa Cruz de Tenerife, Santa Cruz de la Palma
Punta Ginés
Urbanización Atlante del Sol
Urbanización Montaña Baja
Caleta Negra
La Capagna
Playa Blanca
Punta Gorda
(Ruinas)
Caleta Larga
Punta Pechiguera
Punta Limones
Punta del Águila
Playa Mujeres
3
Caleta del Congrio
Punta del Papagayo
Fuerteventura
de la Burra
Punta de la Tiñosa
Faro de Lobos
Punta Martiño
Playa de la Arena
Lobos
127
Parque Natural del Islote de Lobos
Montaña de la Mancha
Corralejo
Casas de Majanicho
Casas El Puertito
Islote de Lobos
Roques del Puertito
El Río
Playa del Médano
Maßstab 1:300.000
0
3
6km

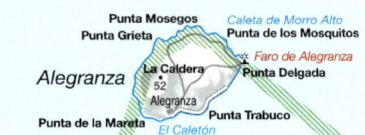

Schön, feurig und geheimnisvoll

Lanzarote ist eine Insel, die einem (fast) alles und so manchem kaum etwas gibt, von den herrlichen Stränden einmal abgesehen. Vulkanfelder, das schönste Weingebiet der Welt und Manriques Werke sind eben nicht jedermanns Sache. Das gilt auch für La Graciosa und Alegranza, die kaum jemand kennt.

❶ Arrecife

Die Inselhaupt- und Geburtsstadt von César Manrique (1919–1992) gehört mit 60 000 Einw. nicht zu den Höhepunkten Lanzarotes und ist für Touristen nur wegen des Flughafens, des Fährhafens und der neuen Marina bedeutsam.

SEHENSWERT
Schön ist ein Bummel an der **Charco de San Ginés** mit Cafés, Restaurants und dem Blick auf Alten Hafen und Lagune. Über eine Zugbrücke gelangt man zum **Castillo de San Gabriel**, 1572 zum Schutz gegen Piratenangriffe erbaut und heute Domizil des **Museo Internacional de Arte Contemporáneo** (tgl. 10.00–20.00 Uhr) mit zeitgenössischer Kunst.

AKTIVITÄTEN
Die 12 km lange **Strandpromenade** ist durchgängig bis Puerto del Carmen begeh- oder mit dem Rad befahrbar.

RESTAURANT
In der €€ **Tabernita del Charco** am Alten Hafen hat man einen schönen Ausblick. Aber auch der Blick auf den Teller lohnt, wenn der Fang des Tages präsentiert wird (Charco de San Gines 52, Tel. 620 45 71 67).

Tipp

Inselschwestern
....

Immer ist von sieben Kanarischen Inseln die Rede. Dabei gibt es noch sechs Nebeninseln, von denen fünf nördlich von Lanzarote im Chinijo Archipel liegen: **La Graciosa** bringt es auf 30 km², 600 Einw., ein paar Apartments, Sandstraßen und Fährverbindungen für Tagesausflüge (www.biosferaexpress. com; 8x tägl.). **Alegranza, Montaña Clara, Roque del Este** und **Roque del Oeste** sind unbewohnt; bis auf Alegranza dürfen sie nicht betreten werden. Die sechste der Kanaren-Kleininseln heißt Lobos und liegt vor Fuerteventura.

UMGEBUNG
In **Tahíche** (nördl.) gehört die **Fundacíon César Manrique** TOPZIEL, das stilprägende Wohnhaus des Künstlers (bis 1987), zu den Pflichtzielen. Dort finden Architektur und Natur in genialer Weise zusammen (www.fcmanrique. org; tgl. 10.00–18.00 Uhr).

INFORMATION
Oficina de Turismo, Parque José Ramírez Cerdá, E-35500 Arrecife, Tel. 928 81 31 74, www.turismolanzarote.com

❷ Puerto del Carmen

Das ehem. Fischerdorf mit 3500 Einw. hat die zehnfache Anzahl an Gästebetten, ist mittlerweile das größte Touristenzentrum der Insel und bietet das abwechslungsreichste Nachtleben.

SEHENSWERT
La Tiñosa nennt sich der kleine Dorfkern, um den sich die ganze touristische Infrastruktur gruppiert, vorwiegend zweigeschossige Anlagen, wie einst von César Manrique angeregt.
Die **Playa de los Pocillos** ist für auch für Kinder bestens geeignet, weil flach abfallend.
Die **Playa Chica** ist bei Tauchern beliebt.

HOTEL UND RESTAURANT
Das €€ **Hotel Nautilus** verwendet nur Öko-Energie, und 600 Kunstwerke schmücken die Anlage (Calle Gramillo 5, Tel. 928 51 44 00, www.nautilus-lanzarote.com).
Wer Lust auf eine gut portionierte Fischplatte hat, sollte das €€ **Mar Deleva** ausprobieren (Calle Los Infantes, Tel. 928 51 06 86).

UMGEBUNG
In **Tías** erinnert ein kleines Museum an den portugiesischen Literatur-Nobelpreisträger **José Saramago** (1922–2010; Mo.–Sa. 10.00 bis 14.30 Uhr).

INFORMATION
Oficina de Turismo, Avenida de las Playas, E–35510 Puerto del Carmen, Tel. 928 51 33 51, www.turismolanzarote.com

Arrecifes Castillo de San Gabriel gibt sich bis heute wehrhaft (unten), Puerto del Carmens Strand familienfreundlich (oben)

❸ Playa Blanca

Das drittgrößte Touristenzentrum der Insel ist deutlich überschaubarer und familiärer als Puerto del Carmen. Die Strandpromenade führt bis zum alten Kern des früheren Fischerdorfs. Man kann Wasserski oder Tretboot fahren oder einfach nur schwimmen am geschützten Hausstrand Playa Dorado.

MUSEUM
Jason de Caires Taylors erster europäischer Unterwasserskulpturenpark **Museo Atlantico** wird nach und nach entwickelt und soll in der Endphase in 14 m Tiefe 300 Skulpturen zeigen.

HOTEL UND RESTAURANT
Das im kanarischen Kolonialstil gestaltete €€€€ **Princesa Yaiza** hat direkte Strandlage (Avenida Papagayo 22, E-35580 Playa Blanca,

Vulkanlandschaft im Nationalpark (unten).
In Playa Blancas „Princesa Yaiza" (links oben).
Iglesia San Francisco in Teguise (links unten).

INFORMATION
Oficina de Turismo, Calle Varadero 3,
E-35580 Playa Blanca, Tel. 928 51 81 50,
www.turismolanzarote.com

④ Yaiza

Das malerische Dorf mit 2000 Einw. wird wegen
seiner fast ausschließlich weiß gestrichenen
Häuser, umrankt von Hibiskus und Bougain-
villea, als schönstes Inseldorf bezeichnet.

SEHENSWERT
Eine Windmühle, die **Pfarrkirche** (18. Jh.),
Kolonialvillen und Bauernhäuser reihen sich
aneinander. Dazwischen Galerien, in denen
man Schmuck und Keramiken, Skulpturen und
Gemälde erwerben kann.

HOTEL UND RESTAURANT
El Golfo bietet das kleine, einfache € **El Hote-
lito Del Golfo** mit fünf Zimmern (Avenida
Marítima 6, E-35570 El Golfo, Tel. 928 17 32 72,
www.hotelitodelgolfo.com).
€€€/€€ **La Era** bringt gute kanarische
Küche auf dem Tisch (Calle Barranco 3, Tel.
928 83 00 16).

UMGEBUNG
Der **Nationalpark Timanfaya** und die **Montañas del Fuego** TOPZIEL, die 30 Feuerberge,
gehören zu den schönsten Plätzen auf der Insel.
Entstanden bei Vulkanausbrüchen zwischen
1730 und 1736 sowie 1824. Eine Rundfahrt ist
nur mit dem Bus möglich (tgl. 9.00–17.00 Uhr),
individuelle Touren sind untersagt. Es gibt eine
Dromedar-Station für Ausritte durch die mond-
ähnliche Landschaft und geführte Wanderungen.
Uga ist das Zentrum der Dromedarhaltung.
Dort sieht man immer min. 100 Tiere für Touris-
tenritte im Nationalpark. **Femés** (südl.) besitzt
die älteste Kirche von Lanzarote, die Ermita de
San Marcial del Rubicón von 1733.

In den **Salinas de Janubio** werden bis heute
2000 t Meersalz pro Jahr gewonnen; am Spät-
nachmittag leuchten die Salzbecken beim Blick
von der Landstraße im Gegenlicht in unter-
schiedlichsten Orangetönen. **Los Hervideros**
weiter nördl. ist einer der archaischsten und
wildesten Plätze Lanzarotes (s. auch Aktiv).
El Golfo, ein bis auf die Mittagszeit verschla-
fenes Dorf, wenn Busladungen einfallen, um an
der grünen Lagune ein paar Olivine als Mitbringsel einzusammeln und schließlich in
einem der allesamt guten Fischrestaurants zu
essen; die Terrassenlokale schließen gegen
20.00 Uhr. Im €€ **Costa Azul** gehören die
Gambas al Ajillo zu den schärfsten der Insel
(Tel. 928 17 31 99).

INFORMATION
Oficina de Turismo, Plaza de los Remedios 1,
E-35570 Yaiza, Tel. 928 83 62 20, www.yaiza.es

⑤ Teguise

Die im Schachbrettmuster angelegte ehem.
Inselhauptstadt wird noch La Villa genannt und
war schon vor der Eroberung 1418 besiedelt.

Sehenswert
Gut erhaltene **Häuser** aus dem 16. und 17. Jh.
erinnern mit geschnitzten Holzportalen an die
Zeit als königliche Stadt (bis 1852). Die gesamte Altstadt steht unter Denkmalschutz,
auch die Klöster **Santo Domingo** (Urspr. 1698;
heute Rathaus) und **San Francisco** (17. Jh.).

Museen
Der hiesigen Mini-Gitarre ist **La Casa del
Timple** im Spinola-Palast (18. Jh.) gewidmet
(www.casadeltimple.org; Mo.–Sa. 9.00–16.30,
So. 9.00–15.30 Uhr). Interessant ist das **Museo
de la Pirateria** im Castillo San Barbara (www.
museodelapirateria.com; tgl. 10.00–16.00 Uhr).

RESTAURANT
Ein wunderbares Tapas-Lokal ist €€ **La Can-
tina** (Calle León y Castillo 8, Tel. 928 84 55 36).

UMGEBUNG
Die lang gestreckte **Playa de Famara** in der
sichelförmigen Bucht Las Bajas (nördl.) ist ideal
für Surfer. In **Guatiza** findet sich ein Manrique-
Vermächtnis: Der **Jardín de Cactus** TOPZIEL ist
des Künstlers letztes touristisch relevantes
Werk.

INFORMATION
Oficina de Turismo, Plaza de la Constitución,
E-35530 Teguise, Tel. 928 84 53 98,
www.turismoteguise.com

Tel. 928 51 93 00, www.princesayaiza.com).
Zum Essen geht man am besten zum Jacht-
hafen ins €€ **Cookies** mit guten Fischgerichten
(Calle el Berrugo 2, Tel. 928 59 45 13).

UMGEBUNG
Die sieben Strände der **Playas del Papagayo**
sind ein Traum für Individualisten.

Tipp

Eine für alle
....

Olympiasieger, Europa- und Weltmeister
kommen, eine Fußballmannschaft ist
da, die Familie mit Kindern von drei,
zehn und 16 Jahren, und ein junger
Mann mit athletischer Figur bereitet
sich auf den Triathlon vor. Sie alle fliegen
nach Lanzarote und können unter
einem Dach wohnen, weil der „Club La
Santa" für alle gewappnet ist: Olym-
pische Spiele für den Dreijährigen, der
richtige Trainer für den Triathleten und
beste Trainingsbedingungen für den
Weltmeister. „La Santa", an der Nordküste und auch das deutlich kleinere
„Vitalclass Sports & Wellness Resort"
an der Costa Teguise sind nicht einfach
Ferienclubs mit Sportangebot, sondern
extrem auf Sport spezialisiert – im
Angebot fehlt eigentlich nur La Lucha
Canaria, der kanarische Ringkampf ...

Club La Santa, Avenida Krogager,
E-35560 Tinajo, Tel. 928 59 99 99,
www.clublasanta.com
Vitalclass Sports & Wellness Resort,
Avenida Las Palmeras 15, E35508 Costa
Teguise, Tel. 928 82 60 26, www.vitalclass
lanzarote.com

Für César Manrique war seine
Heimatinsel Lanzarote
„Der schönste Ort der Erde"!

6 Haría

Das Korbflechterdorf liegt eingebettet im Tal der 1000 Palmen.

SEHENSWERT

Die **Plaza León y Castillo** mit Eukalyptus- und Lorbeerbäumen gehört zu den schönsten Plätzen auf Lanzarote. Auf dem Friedhof liegt César Manrique begraben.

MUSEUM

Auch seinen letzten Wohnort **TOPZIEL** entwarf **César Manrique** selbst. Die häusliche Umgebung und die Werkstatt geben einen Einblick in sein privates und sein künstlerisches Leben (www.fcmanrique.org; tgl. 10.30–13.50 Uhr).

VERANSTALTUNG

Originell ist das **San-Juan-Fest** im Juni: In Ermangelung von Blüten legen die Einheimischen bunte Salzteppiche für die Prozession aus.

EINKAUFEN

Nahe der Plaza de la Constitución findet man das **Taller Municipal de Artesania**; hier gibt es traditionell hergestellte Stickereien, Körbe und Umhänge (Sa. 9.00–14.00 Uhr, auch auf dem Kunsthandwerkermarkt).

UMGEBUNG

Ausflugsziel ist die raue Nordküste, allen voran der Aussichtspunkt **Mirador del Río** (tgl. 10.00–17.45 Uhr). Die **Cuevas de los Verdes** (östl.) waren einst ein Versteck vor Piraten; die unterirdischen Vulkangrotten erstrecken sich bis zum Meer (tgl. 10.00–18.00 Uhr). Mit den **Jameos del Agua** baute Manrique einen Lavatunnel mit unterirdischer Lagune, um zwei Grotten zu verbinden; tagsüber stark besucht (tgl. 10.00–18.30 Uhr), besser abends die Atmosphäre bei den Noche de Jameos genießen: Jazz-Konzerte mit Dinner (Di. und Sa. 20.00 Uhr).

7 Costa Teguise

Die zweitgrößte touristische Agglomeration der Insel wurde auf dem Reißbrett, unter Federführung von César Manrique, entworfen. Auch König Juan Carlos – er behält auf Lebenszeit den Ehrentitel König – besitzt hier ein Haus. Die Playa de las Cucharas wird von Windsurfern geschätzt, die windgeschützte Playa Bastián von Familien mit Kindern.

HOTEL UND RESTAURANT

Nagelneu präsentiert sich das €€ **Barceló Teguise Beach** (Paseo Maritimo, E-35508 Costa Teguise, Tel. 928 59 05 51, www.barcelo.com). Zum Essen lohnt eine Fahrt ins nahe Arrieta: Das €€ **El Amanecer** gehört zu den besten Fischlokalen (Calle La Garita 32, Tel. 928 84 83 90; zeitig kommen, keine Reservierungen).

INFORMATION

Oficina de Turismo, Avenida Islas Canarias, E-35508 Costa Teguise Tel. 928 59 25 42, www.turismoteguise.com

---

Genießen   Erleben   Erfahren

DuMont Aktiv

Radeln durch die Lavawüste

Auch die Fahrradfahrer haben Lanzarote inzwischen für sich entdeckt. Schließlich ist Lanzarote die einzige Kanaren-Insel, auf der Radwege angelegt wurden. Die beste Strecke findet sich ganz im Süden und endet am schönsten Strand der Insel.

Es geht steil bergauf. Sehr steil, aber es ist das einzige Stück mit größerem Gefälle, so dass der Aufstieg bei El Golfo nur ein schwerer Kilometer ist, dem rund 20 wunderbare Kilometer folgen. Das Praktische an Lanzarote ist: Jedes Ziel lässt sich von fast jedem Ort der Insel an einem Tag erreichen. Nur für eine komplette Inselumrundung sollte man gut trainiert sein. Es geht entlang der Küste mit Blick auf einsame Strände, ehe ein Highlight der Insel kommt: Los Hervideros, eine Lavalandschaft, an die der nimmermüde Atlantik seine Wellen knallen lässt. Dann werden die Salinas de Janubio bis auf die Seeseite umrundet, ehe man eine kaum befahrene Landstraße, parallel zur LZ-2, nach Playa Blanca nimmt. Der Südwind schiebt einen angenehm Richtung Ziel. Neben dem ganzjährig beständigen Klima und den guten Straßen ist ja die fantastische Landschaft ein dickes Plus auf Lanzarote. Vielleicht nicht für die Ironman-Fahrer, die auf ihren 180 Kilometern Radstrecke mehr als 2500 Höhenmeter absolvieren und wohl keinen Kopf für schöne Vulkane und liebliche Pflänzchen am Wegesrand haben.

Nach Playa Blanca geht es bald auf einer gut befahrbaren Piste, weiterhin ohne Steigung, aber mit größter Motivation: Schließlich warten zum erfrischenden Finale die schönsten Strände der Insel, die Playas del Papagayo, wo man sich aller Textilien entledigen darf ...

Weitere Informationen

Ein Citybike kostet pro Tag 10, ein Mountainbike 12 und ein Racer 19 €, u. a. bei Renner Bikes in Playa Blanca und Puerto del Carmen (Avenida de las Playas, Einkaufszentrum Maritimo, Tel. 928 51 06 12, www.mountainbike-lanzarote.com; Mo.–Sa. 10.00–17.00 Uhr).

Willy, Wind und Wasser

Die zweitgrößte der Kanarischen Inseln ist Afrika näher als jede andere. Nur gut hundert Kilometer trennt sie von Marokkos Süden. Und wer über die Insel fährt, kann zuweilen glauben, in einem windigen Stück Sahara gelandet zu sein. Fuerteventura heißt übersetzt schließlich „starker Wind". Und der Name ist Programm.

Endlose Spaziergänge am Strand – bei Corralejo im Norden von Fuerte

Es waren die Füße Willy Brandts, die Fuerteventura einen Schub gegeben haben. 1972 machte der damalige Bundeskanzler auf der Insel Urlaub. Er hatte seine Anzughosen hochgekrempelt und saß mit seinem Hund Bastian barfuß an einem der Traumstrände von Morro Jable, umgeben von türkisblauem Meer und schneeweißem Sand. Ein Bild, das in vielen deutschen Zeitungen gedruckt wurde und Fuerteventura auf die touristische Landkarte brachte. Exotik ganz nah: Das war neu damals, und die Deutschen entdeckten den wüstenhaften Reiz peu à peu. Bald fand man heraus, dass die nur hundert Kilometer lange Insel zusammengerechnet 50 Kilometer an Stränden zu bieten hat. So etwas gefällt den Deutschen. Von den anderthalb Millionen Besuchern jährlich ist jeder Dritte ein Germane. Auch Willy Brandt kam wieder. Und die Tourismusverantwortlichen von Fuerteventura, die es sonst gerne einfach laufen lassen und nicht gerade durch kreative Innovationen glänzen, stellen auch mal Überlegungen an: Vielleicht sollte man eine Straße nach Willy Brandt benennen? Keine so schlechte Idee, aber die Umsetzung kann noch Jahre dauern, in irgendeiner Schublade verschwinden oder vom Winde verweht werden. Fuerte ventura eben – Afrika liegt nur gute 100 Kilometer weit weg …

„Wir haben zum ersten Mal mehr deutsche Besucher als Teneriffa."

Tourismusbeauftragter Marcelino Umpiérrez

Land aus Knochen

Rund 50 Jahre vor Willy Brandt wusste man auf Fuerteventura noch gar nicht, was Tourismus ist. Die wenigen Fremden kamen vom Meer, waren meist Seeleute. Und nur wenige blieben. Einer allerdings musste bleiben: Miguel de Unamuno, ein Schriftsteller, bei der spanischen Militärjunta in Ungnade gefallen und

Der Süden Fuerteventuras bei Costa Calma ist ein Surferparadies: Playas de Sotavento (oben und Mitte). Und abends an die Promenade: Corralejo an der Nordspitze der Insel (unten)

Morro Jable ist der Touristenort im Inselsüden
– und auch hier gibt es Strände satt…

Hier an der Südwestküste
Fuerteventuras kann man wirklich
noch allein sein: Playa de Cofete
an der Punta de Barlovento

Erinnerung an die Jahrhunderte, in denen
Fuerteventura die Kornkammer der Kanaren
war: Windmühlenmuseum in Antigua

Mit Blick auf die westlichste Spitze der Insel:
ohne Hast und Eile in Puerto de la Cruz

Ein Hauch von Oasenlandschaft:
Barranco de las Peñitas

Das wüstenhafte Innere Fuerteventuras scheint ideal für Kamelsafaris:
Dromedarstation in La Lajita an der Straße nach Costa Calma

Special

Halbinsel Jandía

Sieben Stunden 4x4

Eine unfertige Autobahn, ein paar Stich- und Ortsstraßen: Mehr hat die Halbinsel Jandía an Asphalt nicht zu bieten. Der Rest ist Piste.

Die sind das staubige Terrain für die offenen Allrad-Landrover der angebotenen Jeep-Safaris. Etwa ab Morro Jable gen Westen Richtung Punta de Jandía, ehe es über Serpentinen zum Talkessel nach Cofete geht. Der Bergpass trennt die Ost- und Westküste Fuerteventuras. Die Aussicht am Scheitel ist grandios. Mysteriös sind dagegen die Geschichten über die Villa Winter: Niemand auf Fuerteventura kann verbindlich sagen, warum der deutsche Ingenieur Gustaf Winter, angeblich ein Vertrauter Adolf Hitlers, 1936 in der Einöde am letzten Zipfel der Insel diese mächtige Villa bauen ließ, die heute zu besichtigen ist. Zum Essen gibt es einen Stopp in Puerto de la Cruz, und nach dem obligatorischen Bad brummen die Landrover wieder Richtung Morro Jable.

ins Exil geschickt. Als er 1924 die Insel das erste Mal betrat, sprach er von einem „nackten, skeletthaften, kargen Land aus nichts als Knochen". Man möchte gar nicht wissen, was der Arme gesagt hat, wenn auch noch der Levante die Insel in rötlichen Staub tauchte. Der heiße Südostwind aus Afrika weht manchmal mehrere Tage, bringt Hitze, Trockenheit und legt die Insel fast lahm.

Beim Anflug mag man Unamuno Recht geben. Rotbraune, kahle Hügel, in der Sandebene verstreut ein paar Häuser, Dörfer, die wie Oasen wirken, Straßen, die nach Pfaden aussehen. Hat sich der Pilot vielleicht verflogen? Nein, es ist nicht Afrika, aber auch der geerdete Blick bestätigt die Aussicht aus der Luft: Sand bestimmt den spröden Charme der Insel. Und Wind und Wasser sind die aktiven Elemente. Wobei das lebenswichtige Süßwasser sehr knapp ist. Diesen Mangel gibt es aber nicht erst seit Willy Brandt den Tourismusboom eingeläutet hat. Wasser war und ist kostbar. Also bleiben große Flächen Malpaís, ödes Land, aus dem Kandelabereuphorbien sprießen.

Vier Tomaten aus zwei Händen

Guillem Benassai Ujados, Direktor des Golf Clubs Fuerteventura, steht derweil an Loch 14 und sagt: „Wir brauchen jeden Tag 2000 Kubikmeter Wasser. Sonst

Die vergangenen Zeiten an der Wand, Erinnerungen an Ziegenreichtum
über der Theke: „Casa Santa Maria" in Betancuria

Aus dem 17. Jahrhundert stammt
Betancurias Kirche Nuestra Señora

könnten wir hier keinen Golfplatz haben." 2000 Kubikmeter kostbares Nass, selbst mit einer Meerwasserentsalzungsanlage hergestellt. Mit Golfern kann man eine solche Investition refinanzieren. Die Bäuerin braucht dagegen Grundwasser für ihre Tomaten. Und der Spiegel sinkt Jahr für Jahr. Bei Las Pocetas, keine 20 Kilometer vom Golfplatz von Caleta de Fuste entfernt, steigt sie müde, vom Feld kommend, in den Mietwagen, der sie mit ins Dorf nimmt. Mit vier Tomaten will die Frau die kurze Fahrt bezahlen. Vier Tomaten, die in ihre zwei Hände passen. Golfer Guillem sagt zu der Episode nur: „Alles Grün auf Fuerteventura ist von Menschen gemacht. Alles!" Denn

nur, wo Bewässerungsanlagen den Boden nässen, gedeihen Tomaten, Gemüse und Obst.

Hummerrote Brits

Manuel ist in gewisser Hinsicht das Gegenteil von Guillem. Er hat seinen Job in der Wüste. Wie auf dem Festland ist auch auf den Inseln die Arbeitslosenquote mit fast 30 Prozent sehr hoch. „Der Tourismus läuft gut. Das ist denen aber egal. Die stellen trotzdem keinen einzigen mehr ein", sagt Manuel Rivas ein wenig bitter. Deshalb arbeitet er an keiner Bar, in keinem Hotel, vermietet auch keine Sonnenschirme mit zwei Liegen zum respektablen und inselüblichen Set-Preis

Fuerteventuras ehemalige Hauptstadt Betancuria – der Stadtname erinnert bis heute an den Eroberer in Diensten der spanischen Krone – ist rund um die Kirche noch reich an historischen Bauten

„Der Wind macht's: Zum Kiten ist Fuerteventura am besten."

Benno Wienand, Kite-, Windsurf- und Segellehrer im Club Aldiana Fuerteventura

von zwölf Euro pro Tag, sondern er schiebt Sand. Manuel ist Baggerfahrer und räumt regelmäßig die Hauptstraße FV-1 von der Inselkapitale Puerto del Rosario nach Corralejo. „Ein krisenfester Job", sagt er, „denn Sand und Wind haben wir immer. Viel Sand und viel Wind ..." – besonders im Norden bei den Dünen von Corralejo und im tiefen Süden auf der Jandía-Halbinsel. Dazwischen gibt es wenig: braune Vulkankegel, graugrüne Büschel, rostrote Bodenflechten und in Caleta de Fuste auch hummerrote Brits, die in 40-Euro-Apartments überwintern und sogar die 17-Grad-Wintertage mit nacktem Oberkörper überbrücken.

Auch Anna Klein aus Köln ist seit 2012 jahrein, jahraus auf Fuerte. Sie gehört zu den bodyverliebten Surf- und Kitelehrern, die überall an den Wassersportstationen dieser Welt anzutreffen sind: ob am Achensee, auf Bali, am Roten Meer oder eben an der Playa Jandía. Sie hat in Australien Wellenreiten gelernt, „Blut geleckt und jetzt ist es mein richtiges Leben geworden". Um sechs steht sie auf, um für sich zu surfen, dann geht es zur Basis zum Arbeiten. „Die Insel ist kahl und unwirtlich", sagt sie, „aber ich bin Wassersportlerin. Ich brauche die Wellen und das Nass an meinen Füßen." Willy Brandt ging es seinerzeit wohl ähnlich.

Die besten Boutique-Hotels

Hotels mit Charme

Die Kanarischen Inseln haben nicht so schnuckelige Resorts wie es sie zuweilen in der Karibik oder an asiatischen Stränden gibt. Aber die Kanaren haben ein paar charmante Boutique- Hotels abseits vom Trubel und jenseits von unbezahlbarem Luxus. Landestypisch, ein wenig rustikal, ein Herrenhaus oder ein Landgut: eine handverlesene Auswahl.

3 Casa Tomaren, Lanzarote

Wohnen im Weinberg kennt man ja. Aber wohnen in einer Weingegend, die so Weltkulturerbe ist, die so filigran und anmutig ist wie ein Kunstwerk und als solches auch vom Museum of Modern Art in New York geadelt wurde? Dann mietet man sich in eines der sechs kleinen Landhäuser bei San Bartolomé ein. Das Urgut, die Casa Tomaren, stammt aus dem 18. Jahrhundert, bietet aber moderne Annehmlichkeiten in den Zimmern plus Pool, Garten sowie ein Restaurant.

Calle El Parral 144, El Islote, Tel. 928 52 26 18, www.tomaren.es

1 Hacienda Buen Suceso, Gran Canaria

Ein Zuckerbaron hatte es gut zu seiner Zeit. Heute finden in so einem Gutshof 18 Hotelzimmer Platz, alle so charmant wie romantisch mit Holzdecken und Himmelbetten. Der erste Besitzer war der Eroberer Hernando de Santa Gadea. Auf den Zuckerrohrbaron folgte ein Adeliger, der Bananen anbaute: Ramón Madan wurde der Adelstitel des Marquis von König Alfonso XIII. im Jahr 1911 verliehen.

Carretera de Arucas a Bañaderos Kilómetro 1, nahe Las Palmas, Tel. 928 62 29 45, www.hacienda buensuceso.com

2 Hotel Rural El Patio, Teneriffa

Das Landhotel stammt ursprünglich von 1507. 1565 kam die Kapelle dazu, die heute am Eingang des Anwesens steht. Auch der Drachenbaum im Innenhof stammt aus dieser Zeit, während die Palmen des Haupthofes um 1900 gepflanzt wurden. Die alte kanarische Villa besteht zu großen Teilen aus Holz, insbesondere dem der kanarischen Kiefer. Und alles liegt inmitten einer 60 Hektar großen Bananenplantage, umgeben von Meer und Lava. Einfach herrlich!

Malpais, El Guincho Garachico, Tel. 92 2 13 32 80, www.hotelpatio.com

6

5

1

1

4 Club Aldiana, Fuerteventura

Was sucht ein Club in dieser Aufstellung? Dieser Aldiana ist kein normaler Club. Er bietet nur an Freizeit- und Sportmöglichkeiten, was die Clubs sonst so bieten, und das ist sehr weitgefächert. Aber das Schöne auf der Anlage von Fuerteventura, das sowieso kaum Landgüter oder Herrenhäuser als Hotels bietet: Jeder hat seinen eigenen Bungalow mit Terrasse und häufig auch mit Meerblick in einer Traumlage über den Klippen bei Morro Jable.

Calle Melindraga, Playa de Jandía, Tel. 928 16 98 70, www.aldiana.de

5 Hacienda de Abajo, La Palma

Es ist vielleicht sogar das schönste, sicher aber das ungewöhnlichste und kunstvollste Hotel auf den Kanarischen Inseln – und trotzdem bezahlbar. Was jedoch nicht für die ausgestellten Kunstwerke gilt: Zwei chinesische Tang-Statuen aus dem 7. Jahrhundert begrüßen die Gäste am Empfang, ein Apostel Paulus aus dem 18. Jahrhundert sitzt im ersten Stock. Insgesamt sind es 2000 Kunstwerke in dem ehemaligen Zuckerrohr-Gutshof mit Baldachinbetten und original kanarischen Kieferfußböden. Ein Hotel wie ein Museum.

Calle Miguel de Unamuno 11, Puerto de Tazacorte, Tel. 922 40 60 00, www.hotel haciendadeabajo.com

6 Parador, El Hierro

Ein bisschen Ruhe? Und das in einer Enklave zwischen Vulkan und Atlantik: Am schwarzen Sandstrand rauschen die Wellen an, die einen nachts bei offener Balkontür in den Schlaf wiegen. Der Garten des kanarischen Herrenhauses gibt einen grünen und der Pool einen blauen Farbtupfer ins dominierende Schwarz. Ein idyllischer Ort mit komfortablen Gästezimmern und – damit man gar nicht erst weg muss – einem empfehlenswerten Restaurant.

Carretera General Las Playas 15, Tel. 922 55 80 36, www.parador.es

FUERTEVENTURA

Lanzarote

Fuerteventura

Maßstab 1:370.000

0 — 3 — 6km

Place names and labels

LA OLIVA
PUERTO DEL ROSARIO
Betancuria
Antigua
Pájara
Tuineje
Gran Tarajal
Morro Jable
Corralejo
Cotillo
Lajares
La Oliva
Villaverde
Tindaya
Tefía
Tetir
Casillas del Ángel
Tiscamanita
Agua de Bueyes
Vega de Río Palmas

Parque Natural del Islote de Lobos
Faro de Lobos
Punta Martiño
Lobos
Islote de Lobos
Roques del Puertito

Parque Natural de Corralejo
Playa del Médano
Playa Bajo Negro
Playa del Moro
Playita del Porís
Playa de la Cazuela
Playa del Chinch
Playa del Perchel
Playa de los Valdi

Casas de Mal Paso
Montaña Colorada 277
Montaña del Cuervo
Bayuyo 289
Montaña de la Mancha
Cortijo de la Costilla
Roja 312
Montaña La Lengua
Montaña de Escanfraga 529
Montaña Negra
Casas de los Apartaderos

Faro de Tostón
Punta de Tostón O de la Ballena
Coto de María Díaz
Caleta de Beatriz
Punta Aguda

Montaña Alta 308
Montañas de la Blanca
Casas de Taca
Punta Paso Chico

Casa de los Coroneles
Morro de los Rincones
Caldereta
Punta Uña de Gato
38
29
24
Bco. Azul

Paso Viejo
Montaña Tindaya 401
Muda
Montañeta de Darubio
Monumento D. Miguel de Unamuno
Montaña Blanca 258
Los Morros 408
El Time
Guisgey
Ermita de las Mercedes
Temejereque 511
La Matilla

Punta del Salvaje
Casas Los Molinos
Bahía de las Gaviotas
Salinas 332
Colonia García Escámez
Tao 425
Llanos de la Concepción

Ermita de San Augustín
Chúchillos 625
Cortijo de la Sargenta
Casas de los Majadas
La Asomada
Montaña de Tejuates 444
Urbanización Rosa de la Monja
Puerto Lajas
La Juanita
Punta del Gavioto

Parque Natural
Caleta del Barro
Playa del Valle
Playa de Santa Inés
Ensenada de Agua Amarga

Morro Alto 417
Morro Negro 480
Casas El Almácigo
San Pedro de Alcántara
La Ampuyenta
Casas del Hospital
Llano Negro
Rosa del Taro 593
La Vega de Abajo
Urbanización Los Pozos
Urbanización Llano del Sol
Aeropuerto Fuerteventura
Punta Gonzalo
El Matorral
Playa Blanca
Playa de las Caletillas

de Betancuria
Punta del Tarajalito
Caleta de la Peña Vieja
Playa de los Muertos
Ajuy
Bco. de la Peña
Puerto de la Peña
Cuevas de la Peña
Ermita de Nta. Sra. de la Peña
Alto de la Potranca
Betancuria 724
Museo Arqueológico
Ruinas de Convento
Morro Janana 674
Las Pozetas
Valles de Ortega
Ermita de San Roque
Antigua
Casa El Escaque
Casas de Majada Blanca
Los Corrales de la Torre
Casas de El Cortijo
Casa del Frontón 416
Montaña Blanca de Abajo
Castillo de Fustes
Casas de la Guirra
Calilla del Espino
Caleta de la Camella
Caleta Corcha

37 Agudo 494
Ruinas Guanches
Caleta de la Ballena
Finca del Vicario
Morro de Leandro
Playa de Leandro

Mézquez
Gran Montaña 708
Fenduca
Mézquez 414
Toto
43
Pájara 606
Carbón
Tuineje
Las Casitas
Virgen de la Regla
Casillas de Morales
Cortijada de Tequereyle
Malpaís Chico
Morro de Leandro
Casas del Saladillo
Casas de Jacomar
Punta Gorda
Ensenada de Puerto Rico
Playa del Guincho

Playa de la Solapa
Playa de Garcey
Playa Amanay
Punta del Peñón Blanco
La Matanza
Ruinas Guanches
Vigocho 382
Degollada Cha Cabrera (422)
Casas de Abaise
Casa de Machín
Degollada de Adeje

Malpaís Grande
Toricosquey
Rosa de Catalina García
Cortijada Cañada de la Mata
Teguital
Vigán 462
La Entallada 185
Peñón del Roque
Playa de los James
Ensenada de Gran Valle

Teseraque
Casas de la Florida
Cortijo de Diego Alonso
Casas de Tamaretita
Montaña Tirba
Rosa de los James
Casas de Violante
Casas de la Cañada de Teguital
Fuente de Bartolo
Las Playas

Montaña Hendida Cardón
Montaña Aregua 437
Puerto Nuevo
Corrales de las Hermosas
La Pared
Granillo 123
Agua Tres Piedras
56
53
Las Maretas
El Charco
Morro Negro
Gran Tarajal
Giniginamar
Playa de Ginínamar
Playa del Pajarito
Piedras Caídas
Playa de Agando

Parque
Urbanización Costa Calma
El Jable
Playa de Barlovento de Jandía
Playa Natural de Jandía
Casas de Matas Blancas
Punta de los Molinillos
Urbanización Calma Bahía
Esmeralda Jandía
Tarajalejo
La Lajita
Punta Paloma
Playa Laja del Corral

Punta Pesebre
Caleta de la Madera
Punta de Barlovento
Playa de Cofete
El Islote
Casa de Agua Melianes
Casas de Pecenescal
Degollada Entre Montañas
de Sotavento

Montaña Aguda 435
Cofete (Abandonada)
Fraile 683
El Gorfo 807
Jandía
Casas de Gran Valle
Casas de Esquinzo
Úrban. Marabú
Casas de Butihondo
Playa de Butihondo

Punta Cotillo (o de Cachoros)
Playa de Ojos
Punta del Tigre
Casas Cueva de la Negra
Casas de Jorós
Casas del Matorral
Caserío Puerto de la Luz
Punta de Jandía
Península de Jandía
Morro Jable
Playa del Matorral
Punta de Matorral (o Morro Jable)

Santa Cruz de Tenerife
Las Palmas de Gran Canaria

Die wüstenhaft Sandige

Fuerteventura ist mit gut 20 Millionen Jahren die älteste der Kanaren-Inseln, aber nichts für Kulturinteressierte. Wassersportler und Badeurlauber stellen die überwiegende Mehrheit der jährlich 1,5 Millionen Gäste. Die Insel ist komplett zum Biosphärenreservat erklärt worden. Die Highlights liegen im äußersten Norden und Süden.

① Puerto del Rosario

Ein Drittel aller 100 000 Einw. Fuerteventuras lebt in der Inselhauptstadt, ein im Vergleich eher hässliches Entlein, das als Hafenplatz bereits 1426 verzeichnet wurde.

SEHENSWERT
Hinter 3 m hohen weißen Mauern und Stacheldraht war bis in die 1990er-Jahre die **Kommandantur** der spanischen Fremdenlegion untergebracht. Davor liegt ein Park mit Kriegsdarstellungen. An der Plaza de España beginnt die **Uferpromenade**.

MUSEUM
Ein Hotel, das ihm als Exil diente, ist heute das **Miguel-Unamuno-Museum** (www.fuerteinfo. net; Mo.–Fr. 9.00–14.00 Uhr).

INFORMATION
Oficina de Información Turística, Calle Almirante Lallermand 1, E-35600 Puerto del Rosario, Tel. 928 53 08 44, www.visitfuerte ventura.es

Puerto del Rosario: Iglesia de Nuestra Señora del Rosario (rechts oben) und der Hafen mit inzwischen internationalen Verbindungen (oben). Urlaub in Caleta de Fuste: Sheraton-Hotelanlage (rechts unten)

Tipp

Tennis mit Köpfchen

....

„Der Spieler soll sein eigener Coach werden", sagt Jörg Linden, seit zehn Jahren Tennislehrer auf Fuerteventura. „Eins! Und zweiiiii", ruft der Bochumer und vollendet die Vorhandbewegung parallel zum lange gedehnten „zweiiiii". „So kann sich der Spieler selbst kontrollieren, ob er seine Endposition beim Schlag auch wirklich erreicht hat." Bei einem kurz gesprochenen „zwei" wäre die Bewegung nämlich noch nicht vollendet. Simple Tricks wie diese (und mehr) machen eine Tennisstunde bei Jörg auf den gepflegten Plätzen in Las Playitas lohnenswert.

Informationen auf www.tennisfuerte.info

② Caleta de Fuste

Das Touristenzentrum entstand direkt neben dem Flughafen in den 1980er-Jahren am Reißbrett. Ein Ort, wie man ihn eigentlich nicht möchte und dennoch tagtäglich von Tausenden besucht. Eine Straße sieht wie die andere aus. Die Restaurants sind gut besucht – die „Chablis Bar" konkurriert mit dem „Irish Pub".

AKTIVITÄTEN
Der 18-Loch-**Golfplatz** ist mit 150 ha die größte Grünfläche der Insel (www.fuerteven turagolfclub.com).
Außerdem **Wassersport** aller Art, **Dromedarreiten** am Strand und Exkursionen zu Pferd (Tel. 678 21 31 08).

EINKAUFEN
An der Hauptstraße findet Sa. von 9.00 bis 14.00 Uhr ein **Markt** für günstige Lederwaren, Schmuck, Taschen und Sportsachen statt.

HOTEL UND RESTAURANT
Das €€€€ **Sheraton Beach, Golf & Spa Resort** ist das beste Hotel auf der Insel, liegt abseits vom Trubel, direkt am feinsandigen Strand (Avenida de las Marismas 1, E-35610 Caleta de Fuste, Tel. 928 49 51 00, www. sheratonfuerteventura.com).

Das €€ **Luna Blue** bietet als einziges Terrassenrestaurant direkt am Meer Fisch und Steaks vom Holzkohlegrill (Avenida José Franchy Roca 6, Tel. 928 16 31 10).

UMGEBUNG
Die 1980 geschlossene Salzgewinnungsanlage ist heute Museum: **Las Salinas del Carmen**, 3 km südl. (Di.–Sa. 10.00–18.00 Uhr).

INFORMATION
Oficina de Turismo, Calle Juan Ramón Soto Morales 10, E-35610 Caleta de Fuste, Tel. 928 16 36 11, www.caletadefuste.es

③ Morro Jable

Im Hafen des früheren Fischerdorfs Morro Jable dümpeln moderne Jachten neben alten Fischkuttern. Hier legen auch Fähren nach

Tipp

Turm ohne Höhe

Er ist mit seinen 60 Jahren der Jüngste auf der Insel, quadratisch, mit einer Glaskuppel und mit zwei Anbauten versehen: der Faro de la Entallada an der Südostküste Fuerteventuras. Der Leuchtturm ist nur 12 m hoch, aber dennoch 196 m über Meereshöhe, weil auf einer Steilküste thronend und nicht leuchtend klassisch rot-weiß und schlank, sondern gedrungen wie eine Burg im maurischen Stil. Grauer Basalt, rostbraunes Vulkangestein und weiß verfugtes Mauerwerk machen den jüngsten auch zum schönsten der kanarischen Leuchttürme. Nebenbei hat man eine tolle Aussicht und die darf man häufig (fast) alleine genießen.

Gran Canaria ab. Zusammen mit **Jandía Playa** bildet Morro Jable die Touristenhochburg der Insel. Die Hauptstraße Avenida del Saladar hat sich zu einem zu jeder Zeit belebten Bummel- und Einkaufsboulevard entwickelt. Es reihen sich, durch einen Dünenstreifen vom Strand getrennt, Cafés und Restaurants.

AKTIVITÄTEN
Wassersport, besonders Wind- und Kitesurfen, an den **Playas de Sotavento TOPZIEL** (s. Aktiv) und den Stränden von der Playa Esmeralda bei Costa Calma bis Jandía Playa vor Morro Jable. Höchter Berg der Insel ist der **Pico de la Zarza** (auch Jandía; 807 m); die 13 km ab Morro Jable sind in gut 4 Std. zu bewältigen – prächtiger Rundblick auf die Halbinsel.

VERANSTALTUNG
Im Juni finden an den Playas de Sotavento **Weltmeisterschaften im Wind- und Kitesurfen** statt.

UMGEBUNG
Costa Calma (nordöstl.) ist ein typisches, in den 1970er-Jahren entstandenes Touristenzentrum, das seine Beliebtheit einem breiten Sandstrand verdankt – an dem es noch vergleichsweise ruhig zugeht.
Abgeschieden und nur mit Allradfahrzeugen erreichbar sind die einsamen Strände von **Cofete** und **Barlovento** auf der Nordwestseite der Halbinsel.

INFORMATION
Oficina de Información, Avenida El Saladar, Centro Comercial Cosmo, E-35625 Morro Jable, Tel. 928 54 07 76

④ Pájara

Das Provinzhauptstädtchen (1000 Einw.) ist selbst kaum besuchenswert. Wohl aber der größte Teil des Verwaltungsgebiets: die Halbinsel Jandía. Ab La Lajita verändert sich gen Süden die Landschaft. Heller Sand statt dunklem Geröll, und es beginnt die lange Küste der Traumstrände.

SEHENSWERT
Auf dem Dorfplatz dreht ein Esel seine Runden – und mit ihm ein Wasserschöpfrad aus dem 19. Jh. Portal und Holzdecke der **Iglesia de Virgen de la Regla** (17. Jh.) sind eindrucksvoll.

RESTAURANT
Fangfrischen Fisch vom Grill direkt am Meer – mittlerweile selten – gibt es in La Lajita bei € **Ramón** (Calle Fragata 13, Tel. 928 87 21 26).

UMGEBUNG
In **La Lajita** südl. an der Ostküste befindet sich die größte Dromedarstation der Insel.

INFORMATION
Oficina de Información Turística, Calle Nostra Señora de la Regla, E-35628 Pájara, Tel. 928 16 17 04, www.pajara.es

⑤ Betancuria

Die 1405 gegründete frühere Inselhauptstadt bietet idyllisch wirkende kanarische Kultur unter Palmen – aber jeden Tag drei bis vier Reisebusse sind zu viel für ein Dorf mit 733 Einw. ...

SEHENSWERT
Unter den denkmalgeschützten Häusern der spanischen Inseleroberungszeit sticht die **Casa de Betancuria** heraus. Auch die Kirche **Nuestra Señora de la Concepción** (17. Jh.) und Reste des Franziskanerklosters (Urspr. 15. Jh.) lohnen einen Blick. Alles liegt nur ein paar Schritte voneinander entfernt.

MUSEUM
Ein Rundgang durch die Kultur der Urkanarier: Im Museum der **Casa de Betancuria** sind archäologische und ethnografische Exponate ausgestellt (Di.–Fr. 10.00–17.00 Uhr).

AKTIVITÄT
Ein Ausflug führt in den **Barranco de las Peñitas** (südl.) mit Wanderung zur Ermita de Nuestra Señora de la Peña.

Urlaubsfreuden: Paella-Genuss (oben), Triathlon bei Gran Tarajal (rechts oben) und Dromedarausflug bei La Lajita (rechts unten)

RESTAURANT
Zum kanarischern Mittagessen fährt man etwas südl. nach Vega de Rio Palmas, wo bei € **Don Antonio** Conejo (Kaninchen), Cabra (Ziege) oder Garbanzas (Kichererbsen mit Wurst) auf den Tisch kommen (Plaza Central, Tel. 928 87 87 57; Di.–So. 11.00–17.00 Uhr).

UMGEBUNG
Der **Mirador Morro Velosa** (nördl.) wurde von César Manrique entworfen: Schöner Blick auf Ebenen und Vulkane. In **Ajuy** (südw.) sind die Höhlen der Grund zu kommen, die kleinen, durchweg guten Fischrestaurants davor Grund, länger zu bleiben, etwa im €€ **La Jaula de Oro** (Tel. 928 16 15 94).
Tiscamanita (südöstl. an der FV20) ist ein Zentrum des Aloe-Vera-Anbaus, das dort auch verarbeitet wird.

INFORMATION
Oficina de Información Turística, Calle Amador Rodríguez 4, E-35637 Betancuria, Tel. 928 53 08 44, www.aytobetancuria.org

⑥ La Oliva

Verwaltungshauptstadt (1500 Einw.) der Nordspitze in einem bereits in vorspanischer Zeit besiedelten Gebiet.

SEHENSWERT
Im 18. Jh. war der Ort Sitz der Militärkommandantur, sogar die ganze Insel wurde zeitweise von dort verwaltet. Aus dieser Zeit stammt **La Casa de los Coroneles** (18. Jh.) mit fast quadratischem Grundriss und Stolz der Gemeinde. Ebenfalls aus dem 18. Jh. stammt die Natursteinkirche **Nuestra Señora de Candelaria**.

RESTAURANT

Etwas außerhalb, halb nach Villaverde, lässt sich in der €€ **Casa Vieja** gut zu Mittag essen (Calle El Almendrero, Tel. 928 86 19 87).

UMGEBUNG

In **Villaverde** (nördl.) wurde die 648 m lange Lavaröhre Cueva del Llano zu einem Museum umgestaltet; jeder Besucher bekommt Helm und Taschenlampe (Di.–Sa. 10.00–18.00 Uhr). Der 397 m hohe **Tindaya** (westl.), ein Vulkankegel mit 300 Podomorfos, Abbildungen von Ureinwohnern, war der Heilige Berg der Altkanarier. Bei **Tefia** (15 km südl.) stehen noch einige der einst charakteristischen Windmühlen.

❼ Corralejo

Die Umgebung mit ihren mächtigen Dünen gehört zu den attraktivsten Gebieten der Kanaren, der Fährort nach Lanzarote selbst ist austauschbar und sehr touristisch.

SEHENSWERT

Attraktion ist das Dünengebiet: Der Nationalpark **Las Dunas de Corralejo** erstreckt sich gen Süden entlang der Küste und reicht bis ins Inselinnere. Die FV-1 durch das Gebiet wird häufig vom Sand zugeweht. Besten Blick hat man vom 312 m hohen Montaña Roja im Süden.

AKTIVITÄTEN

Die **Strände** des Dünengebietes gehören zu den schönsten. Der Sand ist hell und fein.

EINKAUFEN

Flohmarkt ist jeden Sa., **Kunsthandwerkermarkt** Do. und So., jeweils 10.00–14.00 Uhr. Auch Lajares (südw.) hat einen **Kunsthandwerkermarkt** (Sa. 10.00–14.00 Uhr) und Artesanías mit inseltypischen Stickereien.

HOTEL UND RESTAURANT

Das €€ **Barceló Corralejo Bay** ist ein angenehmes Haus mit Pools, Tennisplätzen und Aktivitäten wie Jeep- und Fahrradtouren, Wassersport (Avenida Grandes Playas 12, E-35660 Corralejo, Tel. 928 53 60 50, www.barcelo.com; nur Erwachsene).
50 Tapas stehen auf der Karte im € **Antigua** am Hafen mit Terrasse (Calle La Ballena 10, Tel. 928 53 70 24). Wer mal wieder Raclette, Fondue oder spät essen möchte: €€ **Ferret's Dinner** (Calle Pedro, Tel. 928 53 87 61, tgl. 17.00–0.30 Uhr) ist im beschaulichen El Cotillo (südw.) zu finden.

UMGEBUNG

Die unbewohnte **Isla de Lobos** liegt in Sichtweite und wird tgl. mehrfach angelaufen. Das Vogelschutzgebiet ist gut zum Schnorcheln. 3 km nördl. von El Cotillo steht, umgeben von schönen Stränden und ruhigen Lagunen, der rot-weiße **Faro del Tostón** (Fischereimuseum).

INFORMATION

Oficina de Información Turística, Avenida Marítima 2, E-35660 Corralejo, Tel. 928 86 62 35, www.visitcorralejo.com

---

Genießen   Erleben   Erfahren

DuMont
Aktiv

Fahren und fliegen, bitte!

Kitesurfen lernen kann man an vielen Orten auf den Kanarischen Inseln, aber kein anderer Platz ist dafür so geeignet wie die Lagune am Worldcup-Strand von Sotavento. In der Regel klappt es mit den Fahrversuchen nach drei Tagen. Fliegen tut man aber schon früher …

Wie oft hat man im Urlaub sehnsüchtig auf Meer oder See geschaut, wenn die Kiter wie Schmetterlinge übers Wasser flatterten? Jedes Mal meinte man: Kiten lernen ist zu zeitaufwändig. „Kiten lernen können alle in kurzer Zeit", meint dagegen Kitelehrer Falko Steffen. Sein ältester Kunde war 73, der Jüngste neun Jahre alt. Zunächst werden die Schüler mit Schirm, Pumpe und den 23 m langen Leinen vertraut gemacht. Draußen springen ein paar Könner über die Gischt: Aller Anfang ist langweilig … Doch dann geht es los, quasi mit Drachensteigen: Die Bar ist nicht nur die Lenkstange, sondern auch Gaspedal und Bremse. „Nehmt die Bar wie beim Fahrrad, da lenkt man auch mit Rechts-Links-Bewegungen", sagt Falko. Ein paar mimen eher den Autofahrer: „So habt Ihr keine Chance", so der 32-jährige Frankfurter.

Wichtig für Anfänger ist die Wahl des Reviers: Es muss verlässlichen Wind haben und eine Lagune oder flaches Wasser, in dem der Schüler im Wasser lernt, aber noch stehen kann. Irgendwann hat einer der Schüler den Schirm soweit, dass er auf „zwölf Uhr" stehen bleibt (das ist wie Leerlauf), aber dann – am zweiten Tag – hebt Andreas, ein Arzt aus Karlsruhe ab: Er brachte den Schirm auf „neun Uhr". Das ist so viel wie Vollgas, und er machte (ohne Brett) einen satten Zehn-Meter-Satz. „Und wann kommt das Fahren mit Brett?", fragt Andreas. „Morgen …", lacht Falko.

Weitere Informationen

Die Kitebasis des Club Aldiana bietet Schnupperkurse (3 Std. 65 €), und Grundkurse (5–11 Std. 165–360 €) an; außerdem Wellenreit-, Windsurf- und Segelkurse (www.surfers-island.es).

Dem Himmel so nah

La Palma, die hübsche Grüne im Archipel, ist die richtige Insel für Wanderer, die begeistert sind von exzellenten Routen und abwechslungsreicher Natur, für Sternegucker, die mal ganz oben sein wollen, und Romantiker, die das Schlichte und Originale lieben. Denn La Palma ist vor allem eines nicht: eine typische Badeinsel, obgleich einiges an Kuba erinnert.

La Palmas schönste Strände sind im Vergleich zu denen der anderen Inseln nur mittelmäßig. Zu den beliebtesten gehört der von Puerto Naos an der Westküste

Santa Cruz de la Palma: Die Avenida Marítima säumen noch Häuser mit blumengeschmückten Holzbalkonen

La Palmas Weinregion liegt ganz im Süden der Insel an der Punta de Fuencaliente: Bodegas Carballo mit Malvasía-Wein

Zu einem kanarischen Stadtpalast gehört der Patio, ein Innenhof mit Brunnen, dessen Kühle geschätzt wurde: Casa Salazar in der Calle O'Daly von Santa Cruz

Den Rathausplatz von Santa Cruz de la Palma umgibt noch schöne Kolonialarchitektur. In der Platzmitte erinnert ein Denkmal an Manuel Díaz, einen wehrhaften Gottesmann zu Napoleons Zeiten

Und wo ist der Vorleser geblieben? Alles sieht so aus wie irgendwo auf Kuba in einer kleinen Tabakfabrik. „Ja, das stimmt, der Vorleser fehlt bei uns. Aber sonst ist alles wie bei Castro." Julio Cabrera lacht. Mit seinem Bruder war er schon auf Kuba: „Zur Konkurrenzbeobachtung. Aber immerhin, unser José ist echter Kubaner!" Vor Jahren kam er nach La Palma auf Arbeitssuche. Seitdem dreht er mit seinen drei Kollegen rund 300 Zigarren am Tag. „In Kuba gibt es welche, die drehen alleine bis zu 180 täglich", sagt José. „Die sind aber nicht so gut gerollt wie unsere", wirft Julio ein. Unsere Premium kostet ja immerhin 23 Euro pro Stück." Zigarren-

produktion hat Tradition auf La Palma, seit über 250 Jahren. Tabaksamen und Know-how kamen direkt aus Kuba. Und es hat funktioniert, weil das Klima auf La Palma dem des Viñales-Tal ähnelt, dort, wo im Westen Kubas der beste Karibik-Tabak gedeiht. „Wir sind im Geschmack absolut konkurrenzfähig", sagt Julio, „und mit unseren Standardzigarren, die vier bis fünf Euro das Stück kosten, sogar etwas günstiger als die Kubaner." Das Besondere ist die Mischung aus dem Lavaboden La Palmas und den Tabakpflanzen aus Sumatra, Brasilien und Kuba. 200 000 Stück produziert „Puros Julio" pro Jahr, „aber schreiben Sie doch besser 150 000 – wegen dem

Finanzamt ..." Julio lacht verschmitzt. Inselweit sind es vier Millionen Stück, denn noch 20 Familien verdienen ihr Geld mit Tabak auf La Palma. Fast alle sind angesiedelt um Breña Alta, südlich der Inselhauptstadt Santa Cruz.

Bananen statt Zuckerrohr

Am liebsten raucht Julio seine Premium „zusammen mit Freunden und einem Insel-Rum". Denn auch den gibt es nicht nur aus Kuba, sondern auch von La Palma. Schließlich wird seit dem 16. Jahrhundert Zuckerrohr angebaut. „Kolumbus hat das Zuckerrohr ja auf seiner zweiten Reise erst nach Amerika gebracht", sagt José Rodriguez, Chef von

Weit reicht der Blick über die Caldera de Taburiente hinaus nach Süden: Roque de los Muchachos

"Destilerias Aldea", ebenfalls ein Familienbetrieb, der jetzt in der vierten Generation Rum produziert. "Die Banane hat zwar das Zuckerrohr weitgehend ersetzt, aber wir haben noch genügend Anbaufläche für unsere 10 000 Liter pro Jahr", meint José und verköstigt einen Zehnjährigen, der nun seit zwei Jahren im Holzfass reift. "Gut!", sagt José. "Das wird ein sehr Guter! Bei uns wird der Rum direkt aus Zuckerrohrsaft gewonnen. In Kuba ist der Rum ja oft nur Restverwertung, weil die Zuckergewinnung dort viel wichtiger für den Export ist."

Der Blick ins All

Rum und Tabak passen zusammen. Wären da noch ein paar weiße Sandstrände, könnte man glatt von einem Klein-Kuba sprechen. Aber dafür hat La Palma sattgrüne Berge, die bis zu 2500 Meter hoch werden und von denen die Erde hinaus blickt in die Welt, zu Milliarden Sternen und einigen der Milliarden Galaxien. "Mit 36 Spiegeln und 10,4 Meter Durchmesser ist auf La Palma das größte Teleskop installiert, das GTC, Gran Telescopio de Canarias", sagt Elena, die Führerin durch das Observatorium Roque de Los Muchachos. "Durch dieses 300 Tonnen schwere und 80 Millionen Euro teure Teleskop wurden immerhin schon 2000 Planeten geortet und Galaxien

Im Dschungel

Der Weg ist schmal, die Natur wuchert üppig im Barranco del Agua. Der Lorbeerwald Los Tilos zählt zu den großen Naturattraktionen auf La Palma.

Benannt wurde der Wald nach dem Stinklorbeer Laurisilva, in dessen Umgebung sich Farne und Moose wohlfühlen und den Eindruck vermitteln, man sei mitten im Dschungel. Oberhalb von San Andrés y Sauces, im Nordosten der Insel, kann man dieses hübsche Stück Erde auf unterschiedliche Weise erobern. Die Schlucht erstreckt sich über insgesamt neun Kilometer. Eine kurze Wanderung durch den La-Palma-Urwald ist Pflicht. Der leichte Weg zum 20 Meter hohen Wasserfall oder, deutlich schwieriger, weiter bis zum Ende der Schlucht an die Quelle ist anmeldepflichtig und dauert 45 Minuten bzw. gut zwei Stunden, jeweils einfach.

An der Südseite der Caldera de Taburiente liegt der Aussichtspunkt La Cumbrecitas (links). Hoch oben auf der Kraterkante reihen sich die Observatorien (rechts)

Wie eine Wattewelle schieben sich die Passatwolken über den Bergrücken der Cumbre Nueva

La Palma blieb von billiger touristischer Architektur weitgehend verschont – Puerto Naos bildet diesbezüglich eine kleine Ausnahme

„Egal wo: Abseits breiter Touristenströme ist man auf La Palma immer."

Wanderführer Michael Stumpf

entdeckt, die zwölf Millionen Lichtjahre entfernt, aber trotzdem durch das GTC sichtbar sind. Denn es sammelt vier Millionen Mal mehr Licht als das menschliche Auge." Die abgelegene Lage der Insel und die vergleichsweise reine Atmosphäre ohne Luftwirbel und störende Lichteinwirkungen auf 2400 Metern Höhe garantieren optimale Voraussetzungen. Jede Nacht wird beobachtet, von 18.00 Uhr bis zum Morgengrauen. Und jede Nacht kostet 8000 Euro Unterhalt, schließlich sind zehn Astronomen und 50 weitere Wissenschaftler wie Astrophysiker, die sich der Erforschung großer Energiefelder widmen, und Ingenieure dort oben stationiert. „Sie alle schätzen die Qualität des Himmels auf La Palma", sagt Elena. „Seit 1988 gibt es bei uns sogar ein Gesetz zum Schutz des Nachthimmels." Das regelt die Nachtausleuchtung der Insel, elektrostatische Verunreinigungen und auch Flugrouten-Freizonen.

Picknick im Lavafeld

Nach dem Besuch des Observatoriums und einer kleinen Rundfahrt zu den elf weiteren Teleskopen – die jedoch nur von außen zu besichtigen sind –, sollte man sich ein ruhiges Fleckchen über den Wolken und oberhalb der Baumgrenze suchen, vielleicht gemütlich das mitge-

brachte Picknick in einem Lavafeld verzehren und in frischer Bergluft genießen, dem Himmel so nah zu sein. Andererseits hat La Palma ein Herz aus Stein, das noch warm ist. La Palma ist neben El Hierro mit zwei Millionen Jahren die jüngste Insel des Archipels. Und der letzte Ausbruch, der des Teneguía 1971, war geradezu ein gesellschaftliches Ereignis: Die Palmeros versammelten sich zum Lavagucken mit großem Palaver am Kraterrand. Drei Wochen dauerte die Vulkan-Show.

La Palma – das hört sich einfach gut an. Ein bisschen Exotik klingt mit, viel Natur und damit auch Gesundheit. Saubere Luft und gute Wanderwege locken die Urlauber, insgesamt 160 000 pro Jahr, davon die Hälfte aus Deutschland. Und sie finden neben Rum, Tabak und Teleskopen auch eindrucksvolle Schluchten und Höhlen, fast aktive Krater und Vulkane, Wälder und Küsten mit einer noch aktiven Meerwassersaline. Wobei der Ost-West-Unterschied enorm ist: Prägt vorwiegend Laubwald den Osten, dominieren Pinien den Westen. Ist es in Santa Cruz an der Ostküste und an den Bergen wolkenverhangen, scheint in Puerto de Tazacorte wahrscheinlich die Sonne, wie an rund 300 Tagen im Jahr. Und das sind sogar mehr Sonnentage als auf Kuba.

Die Saline von Fuencaliente unterhalb der beiden Leuchttürme hat seit jeher mit der Konkurrenz und der eigenen Rentabilität zu kämpfen – hier ist noch vieles Handarbeit, die allerdings zu einem hervorragenden Ergebnis führt

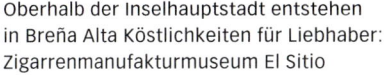

Oberhalb der Inselhauptstadt entstehen in Breña Alta Köstlichkeiten für Liebhaber: Zigarrenmanufakturmuseum El Sitio

Ecofinca Platanológico bei Puerto Naos: Der Chef der Bioplantage erklärt seine Arbeitsweise, biologische Schädlingsbekämpfung und überhaupt Wissenswertes über die Plátanos von La Palma

KANARISCHE KÜCHE

Einheitsbrei?
Weit gefehlt!

Touristische Speisekarten haben sich in der Regel leider durchgesetzt. Wobei man auch auf diesen das eine oder andere typisch kanarische Gericht finden kann. Ein Streifzug durch die authentisch-einfache und sättigende Küche der Kanarischen Inseln.

Ein wesentlicher Teil der Speisekarten wird von frischem Fisch bestritten – natürlich mit Papas arrugadas

Joana Pérez ist Übersetzerin in Santa Cruz und hat – glücklicherweise, wie sie sagt – wenig Zeit, denn „sonst hätte ich wie viele andere ja keinen Job". Ihr kulinarischer Tagesablauf gleicht dem vieler anderer auf den Inseln. Das Frühstück fällt in der Regel spärlich aus, wie üblich in südlichen Gefilden: Ein bisschen Weißbrot, ein süßes Stückchen, Kaffee. Mittags greift Joana gerne zu frischem Obst und Joghurt, es sei denn, sie geht mit einem Kunden essen: „Dann wähle ich in der Regel Tapas", jene kleinen mundgerechten Portionen aus Fisch, Fleisch, Käse oder Gemüse, die vom spanischen Festland stammen, aber „von uns Canarios schon längst adoptiert worden sind". Sie muss es wissen: Joana ist passionierte Hobbyköchin …

Erst spät abends wird das Essen zelebriert: Mit einer Suppe geht es los, etwa Potaje de Berros mit Kresse und Kichererbsen. „An der Küste darf es gerne eine Caldo de Pescado sein", also eine Fischsuppe, wie Joana empfiehlt. Almogrote, ein Püree aus geriebenem Ziegenkäse, scharfer Paprika, Tomaten, Knoblauch und Olivenöl, wird auch gerne bestellt. Auf Fuerteventura leben weniger Menschen als Ziegen. Das bedeutet zwar eine Gefahr für die Umwelt, denn das Land wurde durch die Ziegen regelrecht kahl gefressen. Doch den Ziegenkäse von Fuerte will niemand missen. Auf der Insel heißt er Queso Majorero, weil sich die Einwohner Fuerteventuras Majoreros nennen. Auch den Queso Palmero von La Palma sollte man mal probieren. Garbanzas compuesto, Kichererbsen mit Schweinefleisch, „ist in Touristenorten inzwischen fast unmöglich zu bekommen", sagt Joana. Während Gambas al Ajillo, Krabben und Knoblauch in Olivenöl, zum Vorspeisen-Klassiker geworden ist. Beliebt sind Eintöpfe wie der Puchero canario mit Fleisch, Paprikawurst und Kartoffeln, Kaninchen aus dem Backofen, am besten Conejo en salmonejo, als Kaninchen in feiner Kräuter-Weißweinsoße, aber auch ein saftiges Steak oder natürlich ein Fisch vom Grill.

Fisch wird sehr geschätzt

Fisch und Meeresfrüchte sind im Vergleich zu Deutschland verhältnis-

Gran Canarias Finca La Laja im Valle Agaete ist Europas einzige Kaffeeplantage: Ernte von Arabica-Bohnen (links). Papas arrugadas con Mojo verde (oben)

mäßig preiswert. Angeboten werden Seezunge (Lenguado), Papageienfisch (Vieja), Schleie (Alfonsiño), aber auch Thunfisch (Atun) und Makrelen, (Caballas). Dazu passen am besten Papas con Mojo: Die Schrumpelkartoffeln werden in Salzwasser so lange gekocht, bis das Wasser verdunstet ist. Zurück bleibt eine Salzkruste auf der Schale, die mitgegessen wird. Dazu werden feine Knoblauchsaucen gereicht, die etwas schärfere rote mit Chilischoten, die grüne mit Koriander und die sämig weiße mit Mayonnaise. Auf vielen Menükarten wird die Beilage auch als Vorspeise aufgeführt

Gofio, das wohl älteste kanarische Lebensmittel, gibt es als Brei, Paste, Klöße und Brotlaibe – auch mit Frischkäse, Bananen, Honig, Rosinen und Nüssen.

Ziegenkäse gab es ursprünglich auf allen Inseln – hier der aus Antigua von Gran Canaria im Museo del Queso Majorero

und Papas arrugadas genannt. „Ganz besonders ist die Papa negra", weiß Joana. Die schwarze Kartoffel, teuerste auf jedem Markt, wird ausschließlich mit Mojo blanco, der weißen Knoblauch-Sauce, gereicht.

Als Nationalgericht der Inseln gilt aber Gofio, sozusagen die Polenta der Kanaren und ursprünglich aus gerösteter Gerste, heute oftmals aus Mais. Allerdings wird es immer schwieriger, diese kanarische Spezialität auf den Speisekarten zu finden.

Null-Kilometer-Idee

„Die Kanarischen Inseln gehören nicht zu den Haute-Cuisine-Regionen", sagt Joana. „Wir essen bodenständigbäuerlich." Womit man durch die

Null-Kilometer-Idee bestens im Trend liegt: Es gibt immer frisch das, was man gerade hat. Das gilt auch für die Gewürze, die für die Speisen verwendet werden: Koriander (Cilantro), Kreuzkümmel (Comino), Chili, Safran (Azafrán) und Lorbeer (Laurel).

Zum Dessert Bewährtes

Beim Nachtisch ist man nicht sehr erfinderisch auf den Inseln. Flan, eine beliebte Art von Karamellpudding, Bienmesabe aus Zwieback und Mandeln sowie Bombon gigante, die kanarische Mousse au Chocolat, versüßen das kulinarische Finale, neben einer internationalen Dessert- und Eiscreme-Auswahl. Abermals eher selten zu bekommen: Helado de Gofio und Mus de Gofio, Eis und Mousse auf Gofio-Basis. Auf El Hierro gibt es noch Quesadillas, einen Kuchen wie ein Gugelhupf mit Zimt und Zitrone, der mit Kuh- und Ziegenkäse gefüllt ist.

Eigenes ist kostspielig

An Getränken kommt fast immer Mineralwasser und Wein auf den Tisch, leider häufig vom spanischen Festland. Die teureren Tropfen von den Inseln stehen nur vereinzelt auf den Karten. Und wenn, dann meist nur der eigene Inselwein. Dabei wird bis auf Fuerteventura auf jeder der großen sieben Inseln Wein angebaut. Der von El Hierro darf die Insel allerdings nicht verlassen. Bier und Limonaden gibt es natürlich auch.

Als Digestif nimmt nicht nur Joana gerne einen Insel-Rum oder einen Brandy. Nirgendwo in Europa wird soviel Weinbrand getrunken wie in Spanien. Sei es pur oder als Carajillo, im heißen Kaffee. Die besten Brandy- Marken kommen aus Jerez in Andalusien, was die Canarios ausnahmsweise nicht stört. Denn ein guter Brandy de Jerez hat durchaus die Qualität eines Cognac. Das wissen auch die Kanarier zu schätzen.

Das Preisniveau in den Restaurants ist häufig etwas günstiger als in Deutschland, vor allem wenn große Hotels in der Umgebung liegen und für Konkurrenz sorgen. Dann gibt es schon mal drei Gänge für zehn bis zwölf Euro – inklusive weißer Stofftischdecke und -serviette.

Rezepte

....

88 kanarische Gerichte sind im Internet auf www.chefkoch.de/rs/so/kanarische/Rezepte.html zu finden.

Escalope de Abadejo, ein
Fischgericht von El Hierro

Wo die Wolken fliegen

La Isla bonita wird La Palma häufig genannt, die schöne Insel, die offiziell und ursprünglich San Miguel de la Palma heißt. Doch egal unter welchem Namen, diese nur 700 Quadratkilometer sind eine Reise wert. Die UNESCO erklärte sie komplett zum Biosphärenreservat.

❶ Santa Cruz de la Palma

S/C sagen und schreiben sie alle, wenn es um ihre 1493 gegründete, 16 000 Einw. zählende Inselhauptstadt geht. Der privilegierte Überseehandel mit Amerika schaffte Wohlstand.

SEHENSWERT

Der kolonial geprägte **Altstadtkern** ist kunsthistorisches Denkmal, die Durchgangsstraße Avenida Marítima – mit dem von dicken Steinmauern umgebenen **Castillo de Santa Catalina** (16./17. Jh.) – nur auf der Landseite bebaut: kanarische Häuser mit blauen, gelben oder roten Balcones tipicos. Sie soll wie die parallel verlaufende Calle O'Daly zur Fußgängerzone werden. An dieser Einkaufsstraße liegen das **Rathaus** (16. Jh.) und die **Casa Salazar** (17. Jh.) als wichtigste Zivilgebäude sowie die dreieckige, im 16. Jh. repräsentativ bebaute **Plaza de España** mit der dreischiffigen **Iglesia El Salvador** aus dem 16. Jh. und ihrer bekannten Holzdecke.

MUSEEN

Im Nachbau der „Santa Maria", Kolumbus' Schiff, mit dem er Amerika entdeckte, ist das **Museo Naval** untergebracht; mitten auf der Avenida de las Nieves zeigt es historische Schiffsmodelle und Seekarten (www.la-palma 24.net/la-palma-info/informationen/index.php; Mo.–Do. 9.30–14.00 und 16.00–19.00, Fr. 9.30 bis 14.00 Uhr).
Das **Museo Insular** im **Convento de San Francisco** (17./18. Jh.) bringt dem Besucher die Bedeutung von Santa Cruz im 15. und 16. Jh. als Ausgangspunkt zur Neuen Welt nahe (www.la-palma24.net; Mo.–Fr. 10.00–20.00 Uhr).

VERANSTALTUNG

Die **Bajada de la Virgen de las Nieves** ist das herausragende Inselfest, eine Prozession, die alle fünf Jahre stattfindet (wieder 2020).

EINKAUFEN

Auf dem kleinen, aber sehr schönen **Mercado** dürfen nur Inselprodukte verkauft werden.

HOTEL UND RESTAURANT

Die €€ **Casa San Sebastián** beherbergt ihre Gäste in einem stilsicher eingerichteten

Bummeln am Placeta de Borrero (oben) und in der Avenida Marítima (rechts) in Santa Cruz de la Palma

Bürgerhaus aus dem 18. Jh. (Calle San Sebastián 28, E-38700 Santa Cruz de la Palma, Tel. 922 43 06 25, www.islabonita.es).
Fangfrischen Fisch gibt es im €€ **La Lonja** auf der Avenida Marítima (Nr. 55, Tel. 922 41 66 93).

UMGEBUNG

In **Las Nieves** (nordw.) steht die inselweit verehrte Virgin de las Nieves in der gleichnamigen kleinen Kirche (17./18. Jh.), die mit Pinienholzdecke und einem Altar aus 1,5 t Silber ausgestattet ist.
Die Skulptur des springenden Ziegenhirten mit dem Stock als Sprungstab, die an der Aussichtsplattform von **San Bartolome** (20 km nördl.) steht, erinnert an die frühere Fortbewegungsart der Hirten, die heute nur noch in kleinen Zirkeln des palmerischen Hoyo de Mazo praktiziert wird.

INFORMATION

Patronato de Turismo, Avenida Marítima 34, E-38700 Santa Cruz de la Palma, Tel. 922 42 31 00, www.visitlapalma.es

❷ Los Cancajos

Das größte touristische Zentrum der Insel, aus der Retorte entstanden, hat außer seinen schönen Stränden und vielerlei Wassersportmöglichkeiten wenig Attraktionen.

HOTEL UND RESTAURANT

Der Garten ist fast schon ein Park; auch der schwarze Lavastrand liegt unmittelbar vor der Haustür der € **Hacienda San Jorge**, die sich wie ein kleines Dorf mit schönem Panoramarestaurant gibt (Playa de los Cancajos 22, E-38712 Breña Baja, Tel. 922 18 10 66, www.hsanjorge.com).
Der beste Platz für guten und frischen Fisch ist €€ **El Pulpo** mit schöner Terrasse (Playa los Cancajos, Tel. 922 43 49 14).

UMGEBUNG

Breña Alta ist das Zentrum der Tabakwirtschaft. Beim Drehen zuschauen und einkaufen kann man bei Puros Julio in der Calle Cabaiguán 14 (www.purosartesanosjulio.com). Ums Eck gibt es weitere Manufakturen und das kleine Museum El Sitio (nach Anmeldung unter Tel. 922 43 52 27, www.fincatabaqueraelsitio.com).

INFORMATION

Oficina de Turismo, Calle Punta de la Arena 4, E-38712 Breña Baja, Tel. 922 18 13 54, www.visitlapalma.es

❸ Los Canarios

2000 Einw. zählt das frühere Fuencaliente, von Bananen und einer grandiosen Vulkanlandschaft geprägt. Der Ort liegt 700 m über dem Meer und hat – außer Lage und Weinbau – nicht viel zu bieten. Jeder kommt, um die Vulkane San Antonio (s. Aktiv) und Teneguía zu sehen. Letzterer spuckte erst 1971 das letzte Mal.

AKTIVITÄTEN
Die **Ruta de los Volcanes** über die Cumbre Vieja lockt Wanderer aus ganz Europa. Der klassische Weg entlang sechs Vulkanen bis zum Campingplatz Refugio El Pilar hat eine Länge von 18 km (7 Std. Gehzeit; Wasser und Verpflegung mitnehmen!).

VERANSTALTUNGEN
Caballos Fuscos nennt sich das Fest zu Ehren des Pferdes, mit farbenfrohem Umzug am letzten Aug.-So. in Jahren mit gerader Zahl.

EINKAUFEN
Hiesigen **Malvasía-Wein** gibt es u. a. in der Bodega Carballo.

HOTEL UND RESTAURANT
Wer im Süden übernachten möchte: Die Pension € **Los Volcánes** ist gemütlich, sauber, preiswert (Calle General de los Canarios 86, E-38740 Los Canarios, Tel. 922 44 41 64).
In der € **Bar Junonia** gibt es gute, günstige Tapas (Carretera General 69, Tel. 628 24 82 09).

UMGEBUNG
Im Schatten der beiden **Leuchttürme** (1984 bzw. 1892; kleine Ausstellung zum Schutz des Meeres) an der oft stürmischen Südspitze La Palmas arbeitet eine der letzten kanarischen **Meerwassersalinen**.

INFORMATION
Oficina de Turismo, Plaza Minerva, E-38740 Los Canarios, Tel. 922 44 40 03, www.visitlapalma.es

❹ Los Llanos de Aridane

Los Llanos (20 000 Einw.) am Berg, Tazacorte auf halbem Weg zum Meer und Puerto de Tazacorte sind fast zusammengewachsen und bilden mit **Puerto Naos**, weiter südl., das touristische Zentrum an der sonnenverwöhnten Westküste inmitten ausgedehnter Bananenplantagen.

SEHENSWERT
Der größte Ort der Insel wird gerne als heimliche Hauptstadt bezeichnet, und 17 **Murals** (Wandgemälde) sorgen für ein wenig Großstadtflair. Die Stadt der Hähne – es gibt bis heute offiziell Hahnenkämpfe – hat ihr lebhaftes Zentrum in der Fußgängerzone rund um die **Plaza España** mit der barocken **Iglesia de Nuestra Señora de los Remedios** (Urspr. 16. Jh.). Etwas außerhalb des Zentrums lohnt der **Palmex-Kakteengarten** einen Besuch.

Auf La Palma gedeihen auch Orangen (links). Los Llanos' Kakteengarten (rechts oben). Felspool Charco Azul in San Andrés (rechts unten)

MUSEEN
Das **Museo Arqueológico Benahoarita** ist der vorspanischen Besiedlung gewidmet (Camino de las Adelfas, www.la-palma24.net/la-palma-info/informationen/index.php; Di.–Sa. 10.00–14.00 und 17.00–20.00 Uhr), das **Museo del Vino** in Las Manchas dem palmerischen Weinbau (Las Manchas de Abajo, www.la-palma 24.net/la-palma-info/informationen/index.php; Mo.–Fr. 9.30–13.30 Uhr). Dazu kommt das **Museo del Plátano** in Tazacorte, in dem es hauptsächlich um den so wichtigen Bananen-Anbau geht (Camino de San Antonio, www.la-palma24.net/la-palma-info/informationen/index.php; Febr.–Dez. Mo.–Fr. 10.00–13.30 Uhr).

AKTIVITÄTEN
Walbeobachtungsfahrten starten in Puerto de Tazacorte (www.oceanexplorer.es). **Baden** kann man an der Westküste an der Playa de Tazacorte, in Puerto Naos oder Charco Verde.

VERANSTALTUNG
In **Tijarafe** (nördl.) ist aus dem heidnischen Brauch der Teufelsverbrennung eine mehrtägige Party geworden, die am 7. Sept. mit Teufelstanz und Feuerwerk endet.

Tipp
Der wilde Norden

Viele nehmen von Santa Cruz die direkte Route auf der LP4 zum Nationalpark Caldera de Taburiente. Doch wenn man etwas mehr Zeit investiert und über die LP1 von San Andrés und Barlovento kommt, fährt man durch ein beinahe unberührtes und wildromantisches Stück von La Palma. Am besten nimmt man ab Barlovento die Nebenstraße LP109, die sich am Berghang entlang schlängelt, und macht in Roque Faro im Restaurant Reyes (Tel. 922 40 04 84) Mittagspause. Es gibt Potaje de Trigo (Weizensuppe), Zicklein und Kaninchen. Bei Hoya Grande stößt man wieder auf die LP4 und kann dann auf 2400 m Höhe fahren.

UNTERKUNFT UND RESTAURANTS
Zwei schöne Apartments mit Atlantik-Blick im € **Bungalow Miramar** vermietet der deutsche Wanderführer Michael Stumpf (Puerto Naos, Tel. 922 40 30 75, www.mira-mar.eu).
Am Strandende der Playa de Tazacorte einen Papageienfisch vom Grill verzehren und einen kühlen Weißen trinken, das lässt sich bestens im €€ **Kiosco Montecarlo** (Tel. 922 48 05 33). Einen schönen Blick auf die Bucht von Tazacorte hat man vom Mirador El Time, wo €€ **La Muralla** exponiert kanarische und internationale Küche plus Aussicht anbietet (Carretera General Aguatavar, El Time, Tel. 922 69 53 71).

UMGEBUNG
In **El Paso** findet sich die einzige Seidenproduktion; hergestellt und verkauft werden im jetzigen Museum nur noch kleine Stücke wie Krawatten oder Schals. Um 1775 gab es noch rund 3000 Webstühle auf der Insel; heute beherrschen das Handwerk nur noch 15 Frauen auf La Palma (Calle Manuel Taño 4; Mo.–Fr. 10.00–13.00, Di. und Do. auch 17.00–19.00 Uhr).

INFORMATION
Oficina de Turismo, Avenida Doctor Flemming, E-38760 Los Llanos de Aridane, Tel. 922 40 25 83, www.visitlapalma.es

❺ Caldera de Taburiente

Millionen Jahre alt und wahrscheinlich seitdem kaum verändert: das Zentrum und die Hauptattraktion der Insel.

SEHENSWERT

Der gigantische Kraterkessel hat 8 km Durchmesser, und die Felswände steigen bald 2 km hoch an: Die **Caldera de Taburiente** TOPZIEL ist seit 1954 Nationalpark, der **Roque de los Muchachos** mit 2436 m der höchste Berg. Auf ihm steht das gleichnamige Observatorium (Besichtigung nur bei Führungen; Anmeldung unter Tel. 622 80 56 18 oder visitasorm@iac.es). Den besten Blick auf die Caldera hat man vom **Mirador de los Roques** auf der Südseite.

AKTIVITÄTEN

Bergwandertouren vom Feinsten, aber nur für erfahrene Geher! Und selbst die sollten sich einem Führer anschließen. Eine Rundwanderung durch die Caldera dauert 6 Std.

RESTAURANT

Das €€ **Restaurante Briesta** bietet kanarische Bergküche ohne Fisch (Briestas an der LP1, Tel. 922 40 02 10; Mi.–Mo. 11.00–19.00 Uhr).

INFORMATION

Centro de Visitantes (am Südhang), Calle Antonio Pino Pérez (LP3), E-38750 El Paso, Tel. 922 48 57 33, www.visitlapalma.es

6 San Andrés y Sauces

Der auf die Eroberung zurückgehende Ort San Andrés (6000 Einw.), inmitten von Bananenplantagen gelegen, ist Ausgangspunkt für die wenig besuchte Nordküste.

SEHENSWERT

Der Spaziergang von der **Plaza de San Andrés** über die Kopfsteinpflastergassen entlang kanarischer Häuser ist wie ein Gang durch ein bewohntes Freilichtmuseum mit Cafés und Palmen. Die Kirche hat ihren Urspr. um 1515.

AKTIVITÄTEN

Für ein Bad lockt das Naturfelsschwimmbad **Charco Azul**. Eine schöne Wanderung führt durch den Lorbeerwald **Los Tilos** (www.cabildodelapalma.es; s. S. 90).

EINKAUFEN

Besten Insel-Rum gibt es direkt ab Lagerhalle der **Destilerias Aldea** in Puerto Espíndola.

UNTERKUNFT

Es lohnt sich, ein paar km weiter nördl. nach Barlovento zu fahren, wo abgelegen, aber in ruhiger Hanglage das € **Hotel La Palma Romántica** auf Gäste wartet: ein sensibel renoviertes Landgut mit Holzbalkonen (Las llanadas S/N, E-38726 Barlovento, Tel. 922 18 62 21, www.hotellapalmaromantica.com). Die € **Casa Asterio** liegt außerhalb La Galga. Wartesaal-Atmosphäre, aber gutes kanarisches Essen (Calle Del Posito 1, Tel. 922 43 01 11).

INFORMATION

Patronato de Turismo, Avenida Marítima 34, E-38700 Santa Cruz de la Palma, Tel. 922 42 31 00, www.visitlapalma.es

Genießen   Erleben   Erfahren

DuMont Aktiv

Vulkantour light

Nirgendwo auf der Welt ist ein Spaziergang zu einem mächtigen Krater so einfach wie am Vulkan San Antonio. Aber es gibt auch anspruchsvollere Wandertouren oder einen Ritt hoch zu Dromedar durch die bizarr anmutende Vulkanlandschaft.

Der Wind pfeift einem um die Ohren, und so manches Mal greift man gerne zu den angebrachten Halteseilen, obgleich der Weg doch alles andere als lang ist. Aber links und rechts des Pfades geht es nicht nur steil bergab, hinunter zur Küste und hinunter in den Krater, die Umgebung besteht zudem aus jeglichen Halt versagenden Lapilli. Der Rand des Vulkans San Antonio liegt 657 Meter über dem Meer, in den Jahren 1677 und 1678 schleuderte er zuletzt tonnenweise heiße Asche in die Luft und spuckte glühende Lava. Deshalb sieht seine Umgebung bis heute so tiefschwarz und bizarr aus. Schwarze Lavafelder bis hinunter ans Meer: ein herrlicher Ausblick, den man nicht erst nach dem 20-minütigen Fußmarsch bis zum höchsten Punkt des Kraterrands genießen darf. Im Krater selbst sind inzwischen Kiefern gewachsen. Um die geologisch jüngste Vulkanlandschaft La Palmas in Ruhe erleben zu können, kommt man am besten morgens.

Anspruchsvolle Wanderer nehmen den Rundwanderweg von acht Kilometern Länge mit Höhenunterschieden von rund 350 Metern. Am Parkplatz des Besucherzentrums geht es los, der Weg ist gut ausgeschildert und dauert etwa drei Stunden. Und wer es lieber ganz gemütlich mag: Es gibt auch Dromedar-Touren.

Weitere Informationen

Das Centro de Visitantes am Parkplatz erklärt, wie die Insel La Palma entstand, wann und wo in jüngerer Zeit Lava floss, und man kann auf Seismographen nachschauen, ob die Insel gerade wackelt (tgl. 9.00–21.00 im Sommer, 9.00–18.00 Uhr im Winter).

Reif für die Inseln

La Gomera und El Hierro, die beiden kleinen unter den sieben großen Kanarischen Inseln, sind fest in deutscher Wanderer- und Auswandererhand. Die abgeschiedensten Eilande sind die Endstation unterschiedlich motivierter Sehnsüchte, die doch letztlich gleich begründet werden: mit grandioser Natur und liebenswürdigen Einwohnern.

Wie eine Festung des Glaubens krönt Valverdes Kirche La Santa María de la Concepción die Plaza Major und den Ort

Mittags am Flughafen El Hierro: Die Verkäuferin geht in die Pause, lässt ihre Ladentür offen und die Jalousien nur zur Hälfte herunter. Wenn man sich bücken würde, könnte man das einzige Geschäft am Flughafen gut betreten und ... Aber Angst vor Dieben? Nicht hier auf El Hierro! Die kleinste und westlichste der Kanarischen Inseln ist gleichzeitig auch die abgeschiedenste. Bis ins 19. Jahrhundert galt sie als westliches Ende der Welt – der westlichste Zipfel am Leuchtturm wurde als Nullmeridian festgelegt. Die Anreise zum ehemaligen Ende ist immer noch zeitaufwändig: Auf dem Airport landen Flugzeuge aus Teneriffa-Nord und Gran Canaria, im Hafen La Estaca kommen nur Fähren aus Teneriffa an. Selbst von Gomera gibt es keine Direktfähre.

Für Misstrauen ist auf El Hierro kein Platz. Rund 7000 Menschen leben hier permanent, man kennt sich, lässt Haustüren offen und den Zündschlüssel im Auto stecken. Und als Besucher – nur rund 50 sollen pro Tag ankommen – wird man herzlich aufgenommen von den freundlichen Herreños. Spricht man Spanisch, bedankt sich der Busfahrer überschwänglich für die Zahlung des Fahrpreises von 1,14 Euro und quatscht dann munter drauflos. Im „El Secreto", dem Restaurant in Valverde, kann es passieren, dass einen die Bedienung umarmt, wenn man die schöne Ausstattung

„Muévete con nosotros" – „Bewege Dich mit uns"

Motto auf dem Busfahrschein von El Hierro

lobt. Und im Parador haben die Angestellten einen Karteikasten mit persönlichen Ausflugstipps.

El Hierro sei wie La Gomera in den 1970er-Jahren, meinen einige der hiesigen Deutschen. Viele von ihnen haben auf der Nachbarinsel gelebt, bevor sie sich endgültig hier niedergelassen haben.

Mit weitem Blick und Restaurant: El Hierros Mirador de la Peña über El Golfo (oben). Schließlich soll sein Geläut die weit verstreuten Schäfchen erreichen: erhöht stehender Glockenturm von Frontera (Mitte). Natürliche Alternative zum Whirlpool: El Golfos Naturbecken Charco los Sargos bei Las Puntas (unten)

Oben abendliche Ruhe im Ferienort, unten der schäumende
Ozean: Las Puntas an El Hierros Nordwestküste

Blick über den Hafen von San Sebastián auf das Zentrum der Inselmetropole (links), hier steht die Kirche Nuestra Señora de la Asunción (oben links). Kleine terrassierte Felder und Palmen prägen das fruchtbare Tal von Hermigua (oben).

Gomeras Norden:
Agulo und seine
Umgebung wird von
Terrassenfeldern,
steilen Felswänden
und tosendem
Meer umgeben

Sprache **Special**

Auf Pfiff

....

„Komm nach Hause, das Abendessen ist fertig!" – heute nimmt
die gomerische Bäuerin ihr Handy,
um ihren Mann nach Hause zu
beordern. Früher hat sie ihn im
Wortsinn zurückgepfiffen.
El Silbo ist eine Pfeifsprache, die
es nur auf La Gomera gibt. Denn
wie sich verständigen auf einer
Insel mit mehr als 20 Tälern? Wie
Nachrichten transportieren, wenn
die Wege so beschwerlich sind? El
Silbo ist zwei Kilometer weit zu
hören, bei gutem Wind sogar bis
zu acht Kilometer. Doch wie funktioniert dieses kulturelle Welterbe?
El Silbo kann lautmalerisch das
Gehörte wiedergeben – theoretisch
auch deutsche Worte. Man kann
vier Vokale (a, e, i, o) und vier
Konsonanten (ch, k, y, g) pfeifen,
indem Zeige- und Mittelfinger im
Mund zum spitzen Winkel geformt
und die Zunge beim Pfeifen ge-
spitzt oder verbreitert wird.

Kostenfrei Strom tanken

Doch von gestern ist die Insel, auf der
kein Haus mehr als vier Stockwerke erreicht, nun wirklich nicht, im Gegenteil.
Die Meeresschutzzone gibt es seit 1996,
und die UNESCO hat die Insel schon vor
15 Jahren zum Biosphärenreservat gemacht. Seit 2013 wirbt das Eiland damit,
erste Insel der Welt mit kostenfreiem
WLAN zu sein. Es gibt 26 Stationen, eine
davon sogar an jenem Leuchtturm, der
früher das Ende der Welt markierte.
Fünf kostenfreie Tankstellen für Elektro-
autos gibt es ebenfalls. Die elektrische
Energie wird von sechs Windgeneratoren
erzeugt, was der Insel eine weitere
UNESCO-Auszeichnung einbrachte, die
als Geopark.

Aber auch die Insulaner selbst sind
voller Energie: Als das spanische Vertei-
digungsministerium auf dem 1501 Meter
hohen Malpaso einen Überwachungs-
radar samt Militärstation bauen wollte,
protestierten sie so lange dagegen, bis
man den Plan zurücknahm. Ein kleines
Denkmal mit einer Friedenstaube erinnert an den Sieg. Von dort oben kann
man bis zu den Nachbarinseln La Palma,
Gomera und Teneriffa schauen – und
wenn man das Glück hat, dass sich die
Passatwolken auflösen, auch bis ins
fruchtbare Golfotal, wo Ananas und
Bananen gedeihen.

Den Malpaso, den höchsten Berg der
Insel, erreicht man über einen der gut
ausgeschilderten Wanderwege, denn
wandern und die Ruhe erleben, das ist
es, weshalb Urlauber nach El Hierro
kommen. Im Vergleich zur Nachbarinsel
La Gomera informieren alle Übersichts-
tafeln sogar auf Deutsch. Und noch
etwas gibt es hier, was der Nachbar nicht
hat: Ampeln, die an den drei Tunneln
stehen, die in den vergangenen Jahren in
die Berge gegraben wurden.

Tschernobyl und die Folgen

Auch auf La Gomera möchten die Urlauber am liebsten wandern – gut 60 000
Deutsche waren es im vergangenen Jahr
– oder eben ihr ganz eigenes individuelles Leben führen. Die Anreise ist vergleichsweise einfach: Flug bis Teneriffa-
Süd, per Fähre hinüber zur Inselhauptstadt San Sebastián und dann einmal
über die Insel ins Valle Gran Rey. Am
Flughafen bei Playa Santiago, gestaltet
wie ein kanarisches Herrenhaus, kommen
nur Flüge aus Teneriffa-Nord und Gran
Canaria an. Das gomerische Tourismus-
ministerium wirbt seit Jahren um Direkt-
flüge aus Deutschland – bislang ver-
geblich.

Aber egal, die Deutschen kommen
auch so ins Valle. Denn wer La Gomera
sagt, meint eigentlich das Valle Gran Rey

Tief eingeschnitten zieht sich das Tal nach Südwesten: Valle Gran Rey

Egal, ob Restaurant oder Skywalk:
Agulos Mirador de Abrante bietet
einen atemberaubenden Blick

La Gomera: In Reih und Glied liegen die Fischerboote
vor der Steilwand am Hafen des Valle Gran Rey

„Es gab Pläne für neue
große Hotels. Wir aber
haben nein gesagt.
Denn unser Modell ist,
dass sich unser Gast bei
uns zu Hause fühlt."

Fernando Mendez,
Tourismusminister auf La Gomera

im Südwesten der Insel. Das Tal mit den
drei Ortsteilen Vueltas, La Playa und La
Calera ist seit Jahrzehnten fest in deutscher (Auswanderer-)Hand, wenngleich
das lockere Leben in Wickelrock oder
Schlamperhose und mit genauso grünen
wie sozialen Gesellschaftsvisionen im
Kopf vielleicht nicht mehr ganz so
locker, grün und sozial ist wie vielleicht
direkt nach der Atomkatastrophe von
Tschernobyl 1986. Heute findet man die
Atomkatastrophenflüchtlinge an Hotel-
rezeptionen, in Cafés, Bio-Läden und anderen Geschäften. Man spricht Deutsch.
Und ab dem späten Nachmittag trifft
sich Mann und Frau zum Sundowner
und Plausch an der Bar.

Die Besucher sind tagsüber unterwegs. Schließlich ist man zum Radfahren oder Wandern auf die Insel ge-
kommen, die in ihrer Form an eine
Kokosmakrone erinnert. Das bedeutet,
Magenschwache sollten wegen der
Serpentinen unbedingt Tabletten mitnehmen. Die Wanderwege sind hervorragend ausgeschildert, an fast jeder
Kreuzung finden sich die weinroten
Schilder mit den Entfernungsangaben
und Routennummern auf Holzpfählen.
Und über allem thront der Garajonay,
der mit 1487 Metern höchste Berg der
Insel, mit seinem Steinkreis, der einst
von den Guanchen gelegt worden sein
soll.

Eindrucksvolle Landschaften

Natur und Mensch

Mutter Erde ist die große Künstlerin und der Mensch der brave Handwerker. Wenn aber beides kongenial zusammenkommt, gibt es Erstaunliches zu bewundern. Landschaften werden zu Kunstwerken und Kunstwerke werden zu Landschaften. Und das nicht nur, wenn César Manrique Hand angelegt hat ...

1 Cenobio de Valerón, Gran Canaria

298 Höhlen schürften die Guanchen in den weichen Tuffstein und trotzten der Natur Nutzraum für die Lagerung ihres Getreides ab. Durch Erosion entstand im Vulkan Gallego eine 30 mal 30 Meter große Öffnung. Die Altkanarier erkannten den Nutzen dieser natürlichen Vertiefung sofort, hielt diese doch den Regen ab. Heute ist das in den 1940er-Jahren entdeckte Höhlensystem eine archäologische Stätte.

Cuesta de Silva, Santa María de Guía, Tel. 618 60 78 96, www.cenobio devaleron.com

2 Valle de la Orotava, Teneriffa

Alexander von Humboldt, der Weltreisende und Wissenschaftler, soll auf dem Weg zum Teide im Orotava-Tal auf die Knie gegangen sein und gesagt haben: Er habe noch nie ein so mannigfaltiges, anziehendes und durch die Verteilung von Grün und Felsmassen ein so harmonisches Landschaftsgemälde gesehen. Der Mensch hat es sich zu eigen und diesen wunderbaren Flecken Erde auch nutzbar gemacht: Heute ergänzen der Obst- und Gemüseanbau das perfekte Tal.

Valle de la Orotava, Tel. 922 32 30 41, www. webtenerife.de

3 Fundacíon César Manrique, Lanzarote

Der auf Lanzarote geborene Künstler hat auf seiner Insel zahlreiche Projekte verwirklicht, doch am stilprägendsten dürfte in Tahíche die Fundacíon César Manrique sein, bis 1987 sein Wohnhaus. Dort gelang es ihm, natürliche Begebenheiten und künstlerische Ideen perfekt in Einklang zu bringen, denn das Gebäude wurde auf fünf vulkanischen Blasen errichtet. Es ist die Symbiose von Architektur und Natur.

Taro de Tahíche, Tel. 928 84 31 38, www.fcmanrique.org

4 Jardín de Cactus, Lanzarote

Noch einmal muss man Manrique würdigen, mit einem Vermächtnis der allerschönsten, wenngleich stacheligsten Art: Der Jardín de Cactus ist des Künstlers letztes touristisch relevantes Werk. Etwa 10 000 Kakteen sind in dem mit viel Gefühl angelegten Garten zu bewundern. Der Künstler nahm dabei einfach vollendete Werke der Natur, die Kakteen, und arrangierte sie zu einem Gesamtkunstwerk neu.

Carretera General del Norte, Guatiza, Tel. 928 52 93 97, www.lanzarotecactus.com

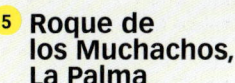

5 Roque de los Muchachos, La Palma

Der 2426 Meter hohe Roque de los Muchachos ist der höchste Berg der Insel La Palma. Selten wird er von Wolken eingehüllt. Die Baumgrenze zeigt sich deutlich tiefer, und mehr als zwei Kilometer darunter tost der Atlantik: Wunderschön! Aber der Mensch hat dem Kuchen ein Sahnehäubchen aufgesetzt mit großen silbernen Observatorien, in denen Wissenschaftler mit Riesenteleskopen den Weltraum erforschen. Beides zusammen ergibt ein eindrucksvolles und futuristisch glänzendes Bild.

Carretera LP4, Abzweigung Roque de los Muchachos, Tel. 622 80 56 18, www.iac.es

6 Punta Grande, El Hierro

Eine Landzunge, die ins Meer hinein ragt: schwarz in blau. Und darauf ein Haus, besser gesagt: ein Häuschen, auch schwarz, als wolle es gar nicht auffallen. Nur die Fenster- und Türrahmen sind weiß. Sie wollen signalisieren: Hier kann man rein ... Es ist das „Hotel Punta Grande" mit nur vier Zimmern und deshalb mit einem Eintrag im „Guinness Buch der Rekorde" als kleinstes Hotel der Welt. Das Haus wurde 1830 erbaut. Offensichtlich wollte man dieser Landzunge noch etwas Schönes schenken ...

Las Puntas, Tel. 922 55 90 81, www.hotelpuntagrande.org

7 Valle Gran Rey, La Gomera

Das Tal des großen Königs bietet mit seiner terrassierten Kulturlandschaft, den vielen Palmen und Bananenstauden ein exotisches Bild. Von diesem von Mutter Erde genial angelegten Tal haben sich die Menschen anziehen lassen, Bauern wie Aussteiger. Die Häuser harmonieren mit der Natur. Und noch herrscht dort glücklicherweise auch der Individualtourismus vor.

Valle Gran Rey, Tel. 922 80 54 58, www.valle-gran-rey.de

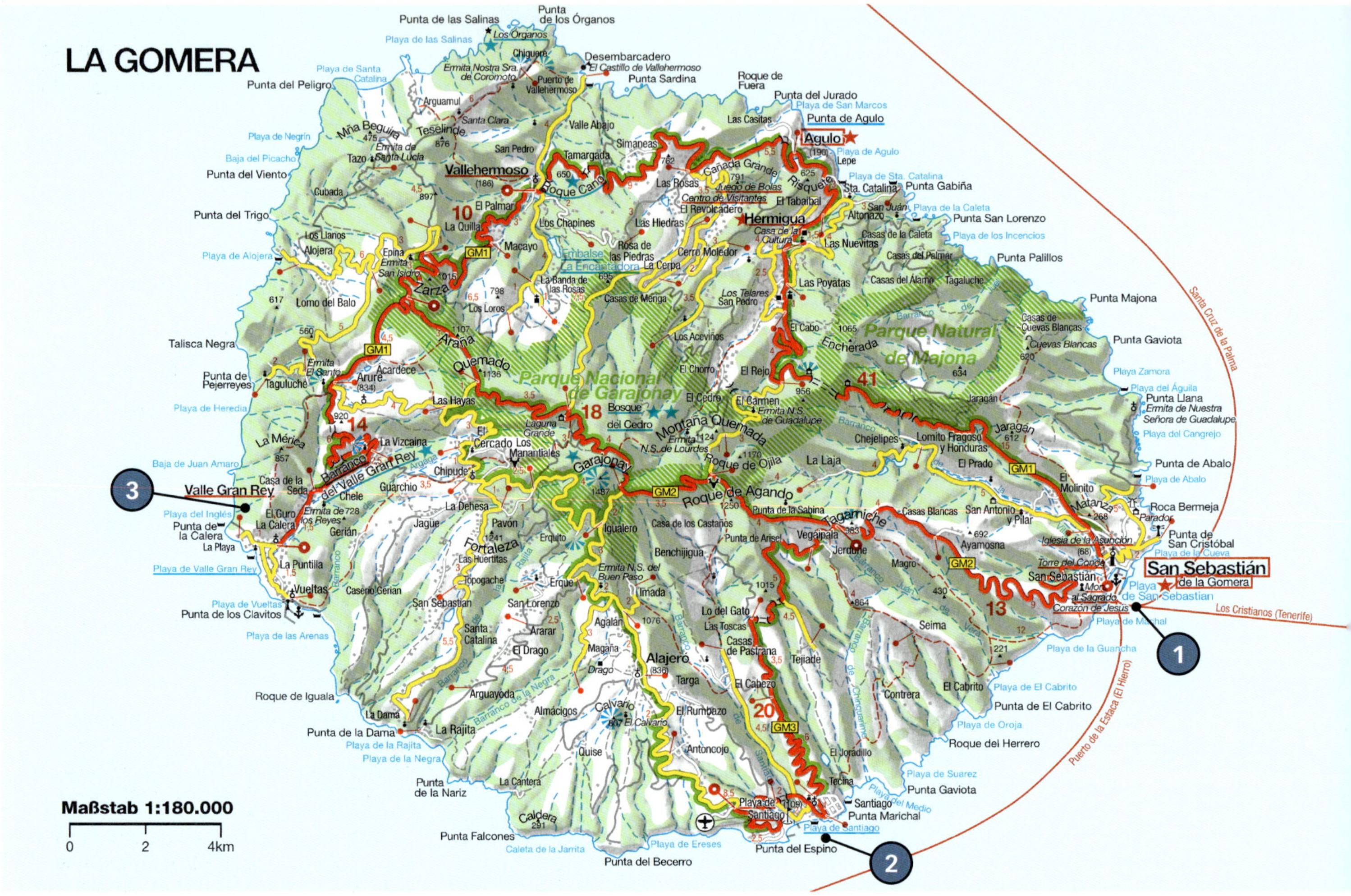
LA GOMERA
Maßstab 1:180.000
0
2
4km
Punta de las Salinas
Punta de los Órganos
Playa de las Salinas
Los Órganos
Desembarcadero
El Castillo de Vallehermoso
Punta Sardina
Roque de Fuera
Punta del Jurado
Playa de San Marcos
Punta de Agulo
Agulo
Punta del Peligro
Playa de Santa Catalina
Playa de Negrín
Baja del Picacho
Punta del Viento
Punta del Trigo
Playa de Alojera
Talisca Negra
Punta de Pejerreyes
Playa de Heredia
Baja de Juan Amaro
Valle Gran Rey
Playa del Inglés
Punta de la Calera
La Playa
Playa de Valle Gran Rey
Playa de Vueltas
Punta de los Clavitos
Playa de las Arenas
Roque de Iguala
Punta de la Dama
Playa de la Rajita
Playa de la Negra
Punta de la Nariz
Punta Falcones
Caleta de la Jarrita
Punta del Becerro
Playa de Ereses
Punta del Espino
Playa de Santiago
Punta Marichal
Punta Gaviota
Playa de Suarez
Roque del Herrero
Playa de Oroja
Punta de El Cabrito
Playa de El Cabrito
Playa de la Guancha
Playa de Majona
San Sebastián de la Gomera
Playa de San Sebastian
Los Cristianos (Tenerife)
Santa Cruz de la Palma
Puerto de la Estaca (El Hierro)
Punta de San Cristóbal
Roca Bermeja
Playa de Abalo
Punta de Abalo
Playa del Cangrejo
Ermita de Nuestra Señora de Guadalupe
Punta Llana
Playa del Águila
Playa Zamora
Punta Gaviota
Punta Majona
Punta Palillos
Playa de los Incencios
Punta San Lorenzo
Playa de la Caleta
Punta Gabiña
Playa de Sta. Catalina
Vallehermoso
Hermigua
Parque Nacional de Garajonay
Parque Natural de Majona
Garajonay
Roque de Agando
Alajeró
Arure
Chipude
Las Hayas
El Cedro
Playa de Santiago
Fortaleza
Benchijigua
Imada
Vueltas
La Calera
La Puntilla
GM1
GM2
GM3
1
2
3
10
13
14
18
20
41

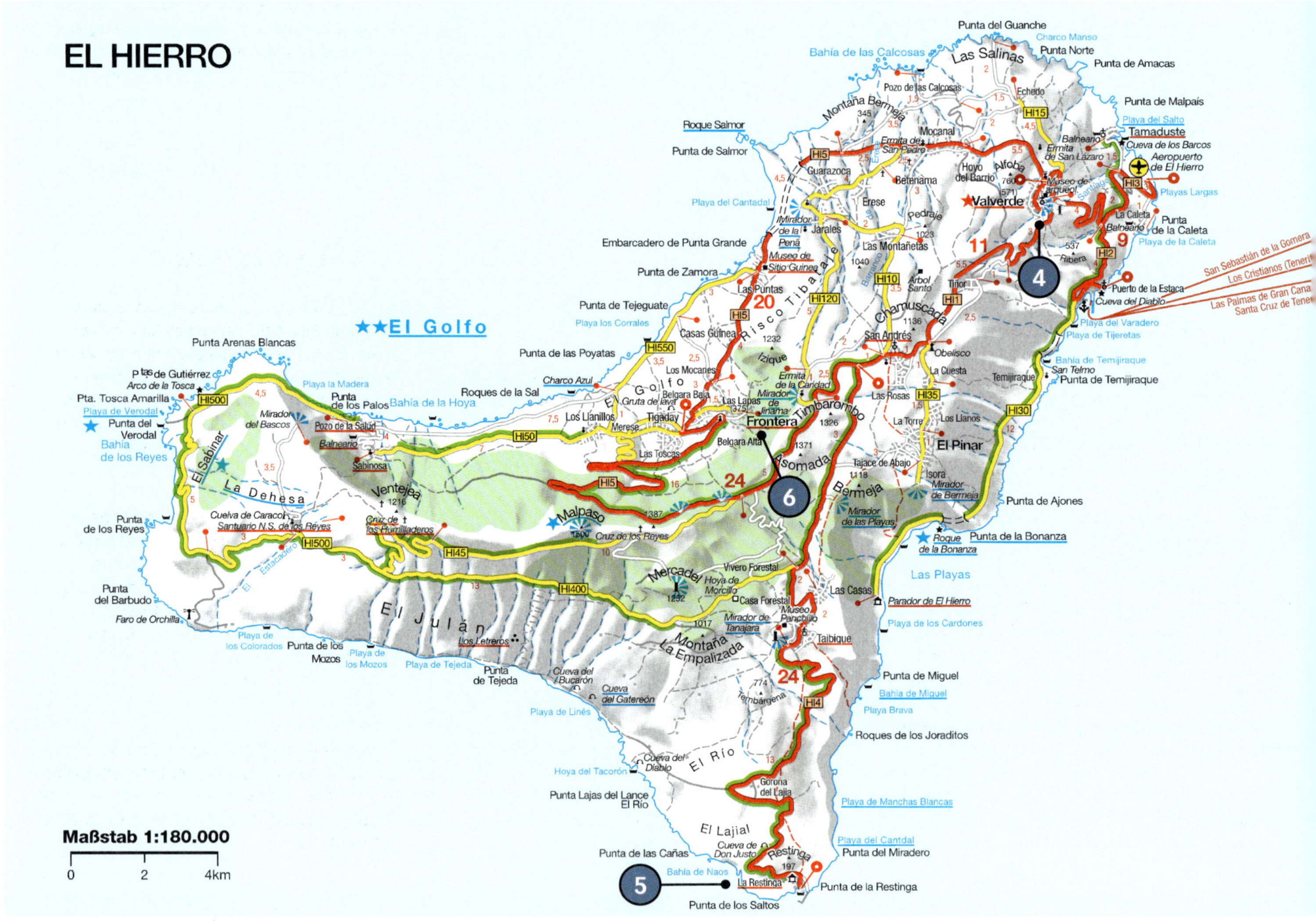
EL HIERRO
Maßstab 1:180.000
0
2
4km
★★El Golfo
Punta del Guanche
Charco Manso
Las Salinas
Punta Norte
Punta de Amacas
Bahía de las Calcosas
Pozo de las Calcosas
Punta de Malpais
Playa del Salto
Tamaduste
Cueva de los Barcos
Aeropuerto de El Hierro
Playas Largas
Roque Salmor
Punta de Salmor
Playa del Cantadal
Valverde
Embarcadero de Punta Grande
Punta de Zamora
Punta de Tejeguate
Playa los Corrales
Punta de las Poyatas
Punta Arenas Blancas
Pta. Tosca Amarilla
Playa de Verodal
Punta del Verodal
Bahía de los Reyes
Punta de los Reyes
Punta del Barbudo
Faro de Orchilla
Playa de los Colorados
Punta de los Mozos
Playa de los Mozos
Playa de Tejeda
Punta de Tejeda
Playa de Linés
Hoya del Tacorón
Punta Lajas del Lance
El Río
El Lajial
Punta de las Cañas
Bahía de Naos
La Restinga
Punta de los Saltos
Punta de la Restinga
Playa del Cantal
Punta del Miradero
Playa de Manchas Blancas
Roques de los Jorditos
Playa Brava
Bahía de Miguel
Punta de Miguel
Playa de los Cardones
Parador de El Hierro
Las Playas
Roque de la Bonanza
Punta de la Bonanza
Punta de Ajones
El Pinar
Frontera
Tigaday
Sabinosa
El Sabinar
La Dehesa
El Julan
Malpaso
Punta de Temijiraque
Bahía de Temijiraque
Playa de Tijeretas
Playa del Varadero
Puerto de la Estaca
Cueva del Diablo
Punta de la Caleta
Playa de la Caleta
San Sebastián de la Gomera
Los Cristianos (Tenerife)
Las Palmas de Gran Canaria
Santa Cruz de Tenerife
HI1
HI2
HI3
HI4
HI5
HI10
HI15
HI30
HI35
HI45
HI50
HI120
HI400
HI500
HI550
4
5
6
9
11
20
24

Die zwei hübschen Kleinen

„Wir sind eine Schatzinsel. Humboldt und Darwin waren da, denn wir haben mehr endemische Pflanzen als der Rest von Europa zusammen", sagt Fernando Mendez, der Tourismusminister über seine Insel La Gomera. El Hierro, die fast Vergessene, hat sogar mehr als 50 Prozent seiner Fläche im geschützten und nahezu bewahrten Urzustand.

Erinnerung ans Mittelalter: Torre del Conde in San Sebastián (oben links). „Hotel Jardín Tecina" in Playa de Santiago (oben rechts). Die Dreimastbark „Alexander von Humboldt" im Hafen von Valle Gran Rey (unten links)

❶ San Sebastián de la Gomera

Zumindest ein paar Stunden sollte man in der 10 000 Einw. zählenden Inselhauptstadt verweilen, schließlich soll Christoph Kolumbus von hier aus zu seiner Entdeckung Amerikas aufgebrochen sein. Vom Fährhafen sind die Sehenswürdigkeiten fußläufig entfernt (deutschsprachige Erklärungen an den Besichtigungspunkten).

SEHENSWERT
Das gomerische Leben von Kolumbus hat sich in der Calle Real abgespielt. Gewohnt hat er in der **Casa de Colón** (heutiger Bau 18. Jh.), gebetet hat er im Vorläufer der **Iglesia Nuestra Señora de la Asunción** (18. Jh.), und sein Wasser soll er in dem Herrenhof **Casa de la Aguada** geschöpft haben. Unübersehbar ist der **Torre del Conde,** der einzige mittelalterliche Befestigungsturm (um 1470) der Kanaren, und hübsch sind die vielen Holzbalkone an den kanarischen Häusern.

HOTEL
Auf einem Hügel oberhalb der Stadt liegt der schöne €€ **Parador** (Cerro la Horca, E-38800 San Sebastián de la Gomera, Tel. 922 87 11 00, www.parador.es).

UMGEBUNG
Eine halbe Std. dauert die Fahrt nach **Hermigua,** wo das Ethnografische Museum über die Inselgeschichte berichtet (Di.–Fr. 10.00–19.00, So. 10.00–14.00 Uhr). Noch etwas weiter auf der Hauptstraße folgt **Agulo,** auf dessen Bergterrassen Landwirtschaft betrieben wird.

INFORMATION
Patronato de Turismo, Calle Real 32, E-38800 San Sebastián de la Gomera, Tel. 922 14 15 12, sansebastian@lagomera.travel

❷ Playa de Santiago

Das kleine Dorf zieht sich zwischen dem Flughafen Gomeras und dem „Hotel Jardín Tecina" entlang. Hierher kommen Urlauber, die Wert auf eine gute Unterkunft mit viel Ruhe legen und die neben wandern auch golfen wollen.

SEHENSWERT
2006 wurde die kleine **Kapelle** zu Ehren der Jungfrau Carmen geweiht.

HOTEL UND RESTAURANT
Das €€ **Jardín Tecina** liegt wie in einem botanischen Garten auf einem Hügel. Von den Zimmern in erster Reihe kann man bei gutem Wetter bis Gran Canaria schauen. Mit einem Fahrstuhl geht es durch die Felsen zum kleinen dunklen Strand; nebenan liegt ein 18-Loch-Golfplatz (Lomada de Tecina, E-38810 Playa de Santiago, Tel. 922 14 58 50, www.jardin-tecina.com). Neben der Eremita ist das Restaurant €€€ **La Cuevita** zu finden, in eine Höhle hineingebaut; Spezialität ist Vieja, der Papageienfisch (Avenida Marítima 60, Tel. 922 89 55 68).

INFORMATION
Patronato de Turismo, Avenida Marítima, E-38810 Playa de Santiago, Tel. 922 89 56 50, playasantiago@lagomera.travel

❸ Valle Gran Rey

Bei vielen der 5000 Einw. des gomerischen Valle Gran Rey fließt deutsches Blut in den Adern. In den 1980er-Jahren kamen vor allem Akademiker in das Tal, damals noch abseits der Zivilisation. Durch die Straßen und Cafés im Valle lässt sich gut bummeln – sehenswert im klassischen Sinn ist eigentlich nichts ...

AKTIVITÄTEN
Es lässt sich gut **wandern** oder **radfahren,** entweder in der Gruppe oder auf eigene Faust. Wer den Guagua (Bus) nutzt, sollte an der ersten Station einsteigen, sonst ist der Bus voll. Pflicht ist mittlerweile eine **Walbeobachtung** – bis zu 23 Arten soll es geben. Ein deutschsprachiges Unternehmen ist Oceano (www.oceano-gomera.com).

VERANSTALTUNGEN
Carmen heißt die Schutzheilige der Fischer, der am 16. Juli mit einer großen **Bootsprozession** gedacht wird. Was ansonsten wo läuft, der deutschsprachige „Valle-Bote" weiß Bescheid (teilw. online unter www.vallebote.de).

Leuchtturm am Ende der Welt: Faro de Orchilla auf El Hierro (oben links). Beim Vulkanologischen Zentrum (oben rechts). Ecomuseo de Guinea (unten links).

HOTEL UND RESTAURANTS

Der schönste Punkt im €€ **Hotel Gran Rey** ist schnell gefunden, der Pool auf dem Dach mit Meerblick – seit Jahren das erste Haus im Tal (Avenida Marítima 1, E-38870 Valle Gran Rey, Tel. 922 80 58 59, www.hotelgranrey.es). Gaumenfreuden von malaiisch-französisch über arabisch bis kanarisch: Im €€ **La Montaña** kocht Efigenia groß auf (Las Hayas, etwas außerhalb, Tel. 922 80 40 77; tgl. bis 20.00 Uhr). Ein gutes arabisches Restaurant ist das €€ **Habibi** (Calle Vueltas, Tel. 922 80 59 50; tgl. 18.00–24.00 Uhr, im Juli geschl.).

UMGEBUNG

Nördl. liegt mit spektakulärem Blick auf das Tal der **Mirador el Palmarejo**, von César Manrique entworfen. Etwas weiter und ebenso eindrucksvoll der **Mirador Ermita del Santo**. Weiter nördl. **Vallehermoso** mit dem Stausee La Encantadora und dem Roque Cano. Im Inselnorden und leider nur sehr schwer erreichbar: Playa de Alojera und die Magmasäulen von **Los Órganos**.

INFORMATION

Patronato de Turismo, Calle Lepanto, E-38870 Valle Gran Rey, Tel. 922 80 54 58, www.valle-gran-rey.de

④ Valverde

Rund 4000 der etwas mehr als 7000 Herreños leben in der bereits in vorspanischer Zeit besiedelten Hauptstadt El Hierros. Touristen verweilen im – übersetzt – „grünen Tal" nicht länger als notwendig. Zu sehen gibt es – wenig. Die einzige Hauptstadt der Kanaren, die nicht am Meer, sondern auf 660 m Höhe liegt, ist häufig im Passatnebel gefangen.

SEHENSWERT

Ein paar Treppen unterhalb der Hauptstraße thront erhaben die festungsartige Hauptkirche El Hierros: **La Santa María de la Concepción** stammt aus dem 18. Jh. Gleich daneben steht das **Rathaus** mit Holzbalkon. Und von der Plaza Major blickt man hinunter aufs Meer – so es die Wolken zulassen …

MUSEUM

Das **Centro Etnográfico Casa de las Quinteras** befindet sich in einem alten Haus aus Vulkangestein. Drinnen dreht sich alles um Holz-, Ton- und Textilhandwerk, Schmieden und Weberei (Mo.–Fr. 9.00–15.30, Sa. 9.00 bis 13.00 Uhr).

VERANSTALTUNGEN

Alle vier Jahre wird am ersten Sa. im Juli die Schutzheilige der Insel, die Virgen de los Reyes, von ihrer Kapelle in der Nähe des Malpaso-Gipfels in die Kirche Santa María de la Concepción getragen, wo sie einen Monat bleibt. Tausende Menschen sind bei der 28 km langen **Bajada de la Virgen** (wieder 2017) dabei. Einen Monat lang wird gefeiert.

EINKAUFEN

Sa. findet am Hospital Nuestra Señora de los Reyes von 8.00 bis 13.00 Uhr der **Mercadillo de Santiago** statt, benannt nach der gleichnamigen Kapelle. Mitbringsel sind die Mojo-Soßen sowie Quesadilla, eine Art halber Gugelhupf mit Zimt und Zitrone, Kuh- und Ziegenkäse.

RESTAURANT

€€ **El Secreto**, das bunte, liebevoll eingerichtete Restaurant, ist ein Lichtblick in Valverde (Calle Quintero Ramos 2, Tel. 922 55 06 58).

UMGEBUNG

10 km südl. ist etwas abgelegen ein heiliger Baum zu bestaunen: Der **Garoé Árbol Santo**, ein Lorbeer, ziert sowohl das Wappen Valverdes als auch das der Insel. Mittlerweile ein Urgroßenkel des Originalbaums, ist das Prachtstück 10 m hoch und zieht sein Wasser aus den Passatwolken.

INFORMATION

Patronato de Turismo, Calle Doctor Quintero 4, E-38910 Valverde, Tel. 922 55 03 26, www.elhierro.travel

⑤ La Restinga

Nur rund 600 Menschen wohnen in der sonnenreichsten Gemeinde der Insel. Beliebt ist das Örtchen bei Tauchern, die hier das ganze Jahr über ihrem Sport frönen können. 2011 gab es vor der Küste einen unterseeischen Vulkanausbruch; mittlerweile sind wieder alle Tauchgebiete offen. Kleinere Beben erschüttern immer wieder den Süden Hierros.

AKTIVITÄTEN

Seit Jahren bieten Jutta und Günter Baumgartel **Tauchtouren** an (www.el-hierro-tauchen.de).

RESTAURANT

Fangfrischer Fisch kommt im €€ **El Refugio** auf den Tisch (Calle la Lapa 2, Tel. 922 55 70 29).

UMGEBUNG

Etwa 15 Min. nördl. liegt **El Julan.** Der Parque Cultural ist mit seinen Höhlenwohnungen und Petroglyphen eine archäologische Rarität. Geführte Wanderungen werden angeboten (Anmeldung mind. 1 Tag zuvor, Tel. 922 55 03 02, eljulan@gmail.com; tgl. 12.00–20.00 Uhr). Das **Centro de Interpretación Vulcanológico** ist ein jüngst eröffnetes Museum, etwa 10 Min. von La Restinga entfernt. Es informiert über die verschiedenen Formen des Vulkanismus (tgl. 10.00–14.00 und 17.00–20.00 Uhr).

INFORMATION

Patronato de Turismo, Calle Doctor Quintero 4, E-38910 Valverde, Tel. 922 55 03 26, www.elhierro.travel

Tipp

Das Ende der Welt

Da steht er, der Faro de Orchilla. Und man fragt sich sogleich: So sieht also das Ende der Welt aus? Ja, man glaubt es sofort! Die bizarre Vulkanlandschaft erinnert an den unwirtlichen Mond, zu hören sind nur Wind und Wellen. Der griechische Gelehrte Ptolemäus brauchte vor 1900 Jahren bestimmt niemanden zu überzeugen, als er hier im Südwesten El Hierros das Ende der westlichen (Scheiben-)Welt mit dem Nullmeridian festlegte. 1880 zog der Nullmeridian nach Greenwich bei London um, die Einsamkeit an der Punta de Orchilla blieb. Zu sehen sind ein Denkmal mit einer Weltkugel und einige Kilometer weiter der 1933 errichtete Leuchtturm.

⑥ El Golfo

Im Golfotal liegen unter anderem die Orte **Las Puntas, Frontera** und **Tigaday.** Eine halbe Stunde dauert die Fahrt von Valverde durch den Tunnel.

SEHENSWERT
Hoch über dem Tal thront bei Frontera die **Iglesia de Candelaria;** ungewöhnlicherweise steht ihr Glockenturm entfernt von der Kirche. Den besten Blick aufs Tal bietet der **Mirador de Jinama.**

MUSEUM
Das **Ecomuseo de Guinea** veranschaulicht, wie die Ureinwohner El Hierros, die Bimbache, noch bis ins 19. Jh. lebten. Die Tour durch das Archäologische Dorf Guinea zeigt die winzigen geduckten Häusern aus Vulkanstein und die Gerätschaften. Hier ist auch eine **Riesenechsenzuchtstation** zu finden (Mo.–So. 10.00 bis 14.00 und 17.00–20.00 Uhr).

AKTIVITÄTEN
Wandern lässt sich beispielsweise mit Ralf Hoffmeister („Excursiones Ralf"), der seit 20 Jahren auf der Insel arbeitet (www.hierro holiday.com), **Baden** in den Meerwasserschwimmbädern, den Charcos, wie dem Charco Azul und Charco La Maceta.

VERANSTALTUNG
Zum sommerlichen **Bimbache Open Art Festival** kommen Musiker aus aller Welt nach La Frontera (www.bimbache.info).

HOTELS UND RESTAURANTS
Das Hotel €€ **Punta Grande** liegt auf einer Landzunge im Meer. Mit nur vier Zimmern stand es deshalb auch schon im „Guinness-Buch der Rekorde" als kleinstes Hotel der Welt (Las Puntas, E-38911 Frontera, Tel. 922 55 90 81, www.hotelpuntagrande.org). Heilwasserkuren sind im € **Balneario Pozo de Salud** möglich. Das Hotel liegt direkt am Meer (Sabinosa, E-38911 Frontera, Tel. 922 55 95 61, www.insel-hierro.de/html/hotel_pozo_de_la_salud.html). Für gute kanarische Küche ist das €€ **Restaurante Casa Pucho Don Din** bekannt (Calle La Corredera 5, Frontera, Tel. 92 2/55 5 327). Ebenfalls mit kanarischer Küche wartet das €€ **Guachinche Frontera** auf (Carretera la Cumbre, Frontera, Tel. 692 33 76 30).

UMGEBUNG
César Manrique hat auch auf El Hierro gewirkt. Mirador heißt Aussichtspunkt, und die Aussicht an seinem **Mirador de la Peña** ist einfach phantastisch (Restaurant). Wanderwege ziehen sich den Hang hinunter. Der Blick geht ins Golfotal, links die Bergkette mit dem Malpaso, und rechts ist die Landzunge des „Hotels Punta Grande" zu erkennen.

INFORMATION
Patronato de Turismo, Calle Doctor Quintero 4, E-38910 Valverde, Tel. 922 55 03 26, www.elhierro.travel

Genießen   Erleben   Erfahren

DuMont Aktiv

Im Märchenwald

So viele Grüntöne, hier dunkelgrün, da sprießt ein helles neues Blatt aus dem Farn heraus, dort ein vermooster Stamm. Dazu kommen mehr als 20 Baumarten im Nationalpark Garajonay auf Gomera, der seit 1986 zum UNESCO-Weltnaturerbe gehört. Eine Wanderung mit einem kleinen Knopf im Ohr ...

Nicht weniger als zehn Prozent der Inselfläche von Gomera bedeckt der Nationalpark Garajonay, und er ist so dicht und grün, dass man denkt, dort müsse es täglich regnen. Tut es aber nicht. Dennoch gibt es genug Wasser für die Pflanzen, denn diese ziehen sich das Nass aus den Passatnebelwolken, die an den Bergen hängen bleiben. Wer auf Nummer sicher gehen will, schließt sich einer Gruppentour an, besser ist es aber, allein auf den hervorragend ausgeschilderten Wegen zu wandern. Nur so hat man genug Zeit, sich alles mit Muße anzuschauen und im eigenen Tempo zu gehen. Wichtig ist, genug zu essen und zu trinken mitzunehmen, denn zu kaufen gibt es nichts. Im Winter ist zudem eine dicke Jacke notwendig, da es unter dem Dach aus Baumwipfeln auch richtig kalt werden kann. Eine wunderbare Ergänzung ist der kostenlose Audio-Guide der Nationalparkbehörde, der den Park an 91 Haltepunkten auf Deutsch erklärt. Halt Nr. 13 ist die Ermita de Lourdes neben dem Picknickplatz (mit Brunnen und Mülltrennung!). Steht man oben auf dem Gipfel, sieht man noch angekokelte Bäume. Sie brannten im großen Feuer von 2012. Doch zum Glück wächst alles schnell nach.

Nicht zu hören im Guide ist das Märchen von Jonay, der Königstochter von La Gomera, und Gara, der je nach Erzähler entweder ein Königssohn oder ein Bauernbub aus Teneriffa war. Das Ende aber ist das Gleiche: Sie verliebten sich und starben gemeinsam in einer letzten Umarmung auf dem Garajonay.

Weitere Informationen

Der **Audio-Guide** kann unter www.parques nacionalesdecanarias.com heruntergeladen werden. Für **Gruppentouren** gibt es mehrere Veranstalter (www.best-wandern.com)

La Palma ist bekannt für seine Bananen – hier aus Puerto Naos (links) – und seine Mandeln: Mandelkekse aus dem Inselsüden (Mitte oben)

Service

Bei einem so beliebten Reiseziel wie den Kanaren ist vieles selbstverständlich und einfach. Dennoch, einige Hinweise sind hilfreich und sinnvoll.

Anreise

Fast alle deutschen Airlines fliegen die Kanarischen Inseln das ganze Jahr über an. Aber nur Condor bedient fünf der sieben großen Inseln direkt: Gran Canaria, Teneriffa und Fuerteventura von neun, Lanzarote von sieben und La Palma von sechs deutschen Flughäfen. Der Preis richtet sich nach den Saisonzeiten. In der Hochsaison kann er doppelt so hoch sein. Kanaren-Flüge gibt es in jedem Reisebüro, unter Tel. 01806 76 77 67 sowie unter www.condor.com. Die Entfernung von Frankfurt/Main nach Las Palmas beträgt 3320 km, was eine Flugzeit von rund viereinhalb Stunden bedeutet. Da zur Europäischen Union gehörend, entfallen Passkontrollen. Den Personalausweis muss man aber mitführen. Bei der Ankunft ist die Uhr um eine Stunde zurückzustellen. Es gilt die Westeuropäische Zeit. Im Sommer werden zeitgleich zu unserer Mitteleuropäischen Zeit die Uhren um eine Stunde vorgestellt.

Auskunft

In Deutschland stehen drei spanische Fremdenverkehrsämter zur Verfügung:
Lietzenburger Straße 99, 10707 **Berlin**, Tel. 030 882 65 43, www.spain.info
Myliusstraße 14, 60323 **Frankfurt**, Tel. 069 72 50 33, www.spain.info
Schubertstraße 10, 80336 **München**, Tel. 089 53 07 46 11, www.spain.info
In Österreich: Walfischgasse 8–14, A-1010 **Wien**, Tel. 01 512 95 80 11, www.spain.info
In der Schweiz: Seefeldstrasse 19, CH-8008 **Zürich**, Tel. 044 2 53 60 50, www.spain.info
Auf den Kanarischen Inseln gibt es zahlreiche Informationsbüros, so an jedem Flughafen, der von Deutschland aus bedient wird. Auf den Info-Seiten ist für jede Ortschaft das entsprechende Oficina de Turismo aufgeführt. Meist wird dort aber nur Spanisch oder Englisch gesprochen.

Behinderte

Für körperlich eingeschränkte Menschen sind die Kanarischen Inseln ein nicht unbedingt empfehlenswertes Urlaubsziel. Die Berge sind für sie nahezu unzugänglich, in den Dörfern überwiegt häufig Kopfsteinpflaster, und die Strände sind für Rollstuhlfahrer fast alle unzugänglich. Nur in den Inselhauptstädten geht es einigermaßen, und lediglich einige moderne Hotels bieten **barrierefreie Zimmer** an. Mit den Betreibern sollte man dann die Möglichkeiten in der Umgebung abklären. Einige entsprechend ausgestattete Hotels und Ferienhäuser sind unter www.behindertengerechte-reisen.com zu finden.

Essen und Trinken

Die **kanarische Küche** ist eine einfache, bodenständige und sättigende. Der Einfluss vom spanischen Festland dominiert. Viele Gerichte findet man in Madrid genauso wie auf den Kanaren. Das beste Beispiel dafür sind die beliebten Tapas. Spezielle Inselgerichte sind selten geworden und finden sich nur noch vereinzelt auf den Speisekarten. Traditionelle Kanaren-Gerichte und Rezepte: siehe Seite 94. Die **Essenszeiten** sind, abgesehen vom auf den Kanaren immer sehr leichten Frühstück (Desayuno), stets später als bei uns. Das Mittagessen (Comida) wird in Restaurants in der Regel zwischen 13.00 und 15.00 Uhr gereicht, das Abendessen (Cena) deutlich später gegenüber Deutschland, ab etwa 20.00 bis 22.30 Uhr (in Touristenzentren ist man aber auf deutsche Essgewohnheiten eingestellt). Jede der großen Kanarischen Inseln, abgesehen von Fuerteventura, produziert eigene **Weine**. Auf Gran Canaria und Lanzarote gedeihen vorwiegend der weiße Malvasía, aber auch der süße Moscatel. Das Weinanbaugebiet La Geria auf Lanzarote, mit gut 50 ha das größte der Kanaren, wurde sogar zum Weltkulturerbe ernannt (siehe Seite 64). Auch La Palma baut Malvasía-Weine aus. Charakteristisch ist aber der Vino de Tea. Er lagert noch heute in Holzfässern aus kanarischer Fichte, und die Winzer beschreiben die Farbe wie die einer Rose; der Likörwein hat bis zu 22 Prozent Alkohol. Auf Teneriffa wurde früher ebenfalls hauptsächlich Weißwein angebaut, doch heute überwiegt trockener Rotwein, der wegen des mineralhaltigen Bodens eine spezielle Note hat. Die Rebsorten Listán Negro, Negramoll und Tintilla sind kennzeichnend für die Insel. La Gomera baut ebenfalls viel Listán Negro und Negramoll an, aber auch Weißweine der Rebsorten Listán Blanco, Forastera Blanca und Gomera Blanca. El Hierro, die kleinste der

Mit Meerblick: Gomeras Hotel Jardín Tecina in Playa Santiago (Mitte unten). Zu einer Romería, einer Wallfahrt, gehören Trachten und natürlich Musik (links)

großen Sieben, verfügt nur über eine Gesamtanbaufläche von etwa 190 ha und die 3500 Hektoliter Wein bleiben ausnahmslos auf der Insel. Hauptsächlich wird Weißwein der Sorte Verijadiego Blanco produziert. Weitere weiße Rebsorten sind Listán Blanco und Moscatel. Die roten Rebsorten sind Listán Negro, Negramoll und Verijadiego Negro. Alle Kanaren-Weine liegen, wenn man Preis und Leistung in Einklang bringt, deutlich über dem Preisniveau der spanischen Festlandsweine.

Eine **Auswahl an Restaurants und Cafés** wird auf den Infoseiten vorgestellt.

Preiskategorien

€€€€	Hauptspeisen	über 30 €
€€€	Hauptspeisen	20 – 30 €
€€	Hauptspeisen	10 – 20 €
€	Hauptspeisen	bis 10 €

Feiertage und Feste

Die **offiziellen Feiertage** in Spanien entsprechen weitgehend denen in Deutschland: Angefangen bei Neujahr (1. Jan.) und dem Drei-Königstag (6. Jan.) über die variablen Ostertage, dem Tag der Arbeit (1. Mai), Mariä Himmelfahrt (15. Aug.), Allerheiligen (1. Nov.), Mariä Empfängnis (8. Dez.) bis zu Weihnachten (25. und 26. Dez.) und Silvester (31. Dez.). Den freien Pfingstmontag gibt es in Spanien allerdings nicht.

Dazu kommen am 12. Okt. der spanische Nationalfeiertag und der Dia de Canarias, der Feiertag der Kanarischen Inseln, der am 30. Mai begangen wird.

Regionale Feste kann man auf den Inseln das ganze Jahr über erleben. Ob das nun im Januar die Prozession zu Ehren der Heiligen Drei Könige ist oder der Karneval im Februar. Er gilt als die größte Party, nicht nur auf Teneriffa (siehe Seite 50). Coole Kostüme und kokette Canarios, dazu Musik, live oder von CDs aus riesigen Boxen, und Stimmung wie am Zuckerhut von Rio: Das ist Karneval, urkanarisch, urig und ungemein unterhaltsam. Zu Ostern und

Fronleichnam – dann mit einem ganzen Meer von Blumen – stehen wieder Prozessionen an. Außerdem wird den Schutzheiligen und -patronen in vielen Ortschaften das ganze Jahr über im kleinen Rahmen gedankt und auch gefeiert. Die wichtigsten dieser Feste sind auf den Info-Seiten aufgeführt.

Geld

Die Versorgung durch **Bargeld** ist durch das dichte Netz von Geldautomaten gesichert.

Daten & Fakten

Einwohner: Die Kanarischen Inseln haben etwas mehr als 2,1 Mio. Einw. Die größte Stadt ist Las Palmas auf Gran Canaria mit knapp 400 000 Einw., die bevölkerungsreichste Insel ist Teneriffa mit gut 850 000 Einw.

Geografie: Mit einer gesamten Inselfläche von fast 7500 km² ist der Archipel etwas kleiner als das Bundesland Hessen. Die größte Insel ist Teneriffa mit gut 2000 km².

Die Kanarischen Inseln gehören zwar politisch zu Spanien und der Europäischen Union, sind aber geografisch ein Teil Afrikas. Marokko ist von Fuerteventura nur gut hundert Kilometer entfernt. Von Lanzarote nach Cádiz in Südspanien sind es dagegen gut 1700 Kilometer. Die Nord-Süd-Ausdehnung liegt bei etwas mehr als 200, die West-Ost-Ausdehnung bei knapp 350 km. Alle Inseln sind vulkanischen Ursprungs. Fuerteventura, Lanzarote und Lobos sind mit rund 20 Mio. Jahren die ältesten.

Verwaltung: Santa Cruz de Tenerife ist Regierungssitz der Autonomen Region Canarias. Wahlberechtigt sind alle volljährigen Spanier, die auf dem Gebiet der Kanarischen Inseln mit Erstwohnsitz gemeldet sind. Wahlkreise sind die einzelnen Inseln. Diese entsenden entsprechend ihrer Einwohnerzahl unterschiedlich viele Abgeordnete

Kreditkarten werden in fast allen Hotels, Restaurants und Geschäften akzeptiert. Für Aufenthalte in den Bergregionen sollte man sich aber mit ausreichend kleinen Geldscheinen versorgen. Dort gilt noch wie eh und je: Nur Bares ist Wahres.

Gesundheit

Die **medizinische Versorgung** ist auf allen Hauptinseln der Kanaren gut. Es gibt private und öffentliche Krankenhäuser, die dem deutschen Standard entsprechen. Überall findet man Ärzte, die neben Spanisch auch Englisch und teilweise sogar Deutsch sprechen. Deutschsprachige **Ärzte und Zahnärzte** annoncieren in den kostenlosen deutsch- oder englischsprachigen Anzeigenblättern. Auch die Versorgung mit Medikamenten ist gut. Für eine Reise auf die Kanarischen Inseln sind keine zusätzlichen **Schutzimpfungen** oder sonstigen Vorsichtsmaßnahmen nötig.

Die **Europäische Krankenversicherungskarte** (European Health Insurance Card, EHIC) gewährleistet Bürgern aus EU-Mitgliedstaaten den Zugang zu medizinischen Versorgungsleistungen während eines vorübergehenden Aufenthalts auf den Kanarischen Inseln. Von der EHIC werden allerdings ausschließlich akute Erkrankungen und Unfallfolgen ab-

Info

ins kanarische Parlament: Teneriffa und Gran Canaria je 15, Lanzarote und La Palma je acht, Fuerteventura sieben, La Gomera vier und El Hierro drei.

Politik: Präsident der Kanarischen Inseln ist seit 2015 Fernando Clavijo von der Partei Coalición Canaria. Sie besteht aus Nationalisten, Konservativen, aber auch Ex-Kommunisten und ist eine reine Regionalpartei. In einer seiner ersten Erklärungen sagte Clavijo, er wolle die Zahl der Touristen beschränken und mehr auf Qualität denn auf Quantität setzen: „Es nützt niemandem, wenn zwar 20 Mio. Gäste kommen, diese aber die Vielfalt der Angebote nicht nutzen, weil sie All-inclusive buchen."

Wirtschaft: Der Tourismus ist der wichtigste Wirtschaftszweig. 70 % des Bruttoinlandsprodukts (BIP) werden dadurch und durch weitere Dienstleistungen erwirtschaftet. Zehn bis elf Mio. Touristen kommen pro Jahr auf die Kanarischen Inseln, ein knappes Drittel der Besucher kommt aus Deutschland. An zweiter Stelle steht das Baugewerbe, gefolgt von Industrie und Handel. Die früher so wichtige Land- und Viehwirtschaft und die Fischerei hat kaum noch Bedeutung für das BIP. Die Arbeitslosenquote liegt um 30 % – trotz der großen Beschäftigungsmöglichkeiten, die der Tourismus bietet.

Kolonialarchitektur in La Laguna (links oben). Am Strand von Puerto del Carmen auf Lanzarote (unten) und Playa de las Teresitas bei Santa Cruz de Tenerife (rechts).

gedeckt. Privatpatienten müssen sich bei Arztbesuchen auf sofortige Barzahlung einstellen. Besonders in den Sommermonaten ist die Sonneneinstrahlung sehr intensiv. Deshalb unbedingt ein **Sonnenschutzmittel** mit hohem Schutzfaktor verwenden, auch eine Kopfbedeckung ist ratsam und am Strand ein Sonnenschirm.

Die in ganz Spanien gültige **Notrufnummer** lautet 112.

Hotels und Unterkunft

Eine kleine **Auswahl an Hotels und Unterkünften** findet sich auf den jeweiligen Info-Seiten.

Preiskategorien

€ € € €	Doppelzimmer	über 200 €
€ € €	Doppelzimmer	150 – 200 €
€ €	Doppelzimmer	100 – 150 €
€	Doppelzimmer	bis 100 €

Info

Geschichte

Vor 20 Mio. Jahren: Vulkanausbrüche lassen die östlichen Inseln Fuerteventura und Lanzarote entstehen. Es folgen Gran Canaria vor etwa 15, Teneriffa vor zwölf und La Gomera vor elf Mio. Jahren. La Palma und El Hierro sind mit zwei und 1,2 Mio. Jahren die jüngsten.

Vor 5000 Jahren: Erste Besiedlungen der Insel durch Stämme aus Nordafrika. Die Alt- oder Urkanarier werden Guanchen, Erdensöhne, genannt.

Vor 3100 Jahren: Mit Phöniziern und Karthagern kommen erstmals Fremde auf die Insel. Die Guanchen leben aber weiter ungestört in ihrer Steinzeitkultur.

Vor 2600 Jahren: Berber aus Nordafrika erreichen die Inseln.

Um 150: Der griechische Geograph und Astronom Ptolemäus legt den Nullmeridian auf die westliche Grenze der damals bekannten Welt. Es ist das Westkap von El Hierro.

1312: Wieder besuchen Fremde die Insel, dieses Mal Kaufleute aus Genua.

1402: Der Franzose Jean de Béthencourt erobert teils im Auftrag Kastiliens, teils auf eigene Rechnung Lanzarote, Fuerteventura und El Hierro. Eroberungsversuche von Gran Canaria, Teneriffa und La Palma scheitern. Das ruhige Leben der Guanchen hat ein Ende.

1478: Die Vereinnahmung der Inseln durch die Spanier beginnt. Es kommt immer wieder zu Kämpfen mit den Guanchen. Auch gegen die Portugiesen halten die Spanier ihren Besitzanspruch aufrecht. Las Palmas wird gegründet.

1483: Die Guanchen von Gran Canaria geben den ungleichen Kampf gegen die Spanier auf.

1492: Christoph Kolumbus bricht in Spanien auf, den Seeweg nach Indien zu finden. Er passiert dabei die Kanarischen Inseln und entdeckt später Amerika.

1494: Die Guanchen geben auch auf Teneriffa auf. Der letzte Kampf geht als Gemetzel vom 31. Mai in die Geschichtsbücher ein.

1496: Der gesamte Archipel ist nun Territorium der spanischen Krone.

Ab 1500: Zuckerrohr wird die erste Monokultur. Las Palmas entwickelt sich zu einem Zentrum des Sklavenhandels. In der Folgezeit kommt es immer wieder zu schweren Angriffen portugiesischer, holländischer und englischer Piraten.

Ab 1555: Weinanbau löst das Zuckerrohr als Monokultur und Haupteinnahmequelle ab.

1723: Santa Cruz de Tenerife wird Hauptstadt der Kanaren.

1799: Der Forscher Humboldt macht auf dem Weg nach Südamerika Station auf Teneriffa.

1817: La Laguna auf Teneriffa wird Universitätsstadt.

1852: Die Kanaren werden zur Freihandelszone erklärt.

Ab 1880: Bananenanbau wird dritte Monokultur, der Hafen von Las Palmas zur wichtigen Zwischenstation für Passagen nach Amerika.

1912: Inselverwaltungen werden eingeführt.

1936: Der spätere Diktator Francisco Franco bereitet auf Teneriffa den Putsch der Faschisten vor. Der Spanische Bürgerkrieg beginnt und endet erst 1939.

1956: Das erste Charterflugzeug, eine Propellermaschine, landet auf Teneriffa. Von da an entwickelt sich der Tourismus zum wichtigsten Wirtschaftszweig.

1975: König Juan Carlos wird nach Francos Tod neues Staatsoberhaupt des nun demokratischen Spanien.

1983: Erste Wahlen zum kanarischen Parlament der Autonomen Region Kanarische Inseln. Am 30. Mai tritt das Parlament in Santa Cruz de Tenerife zusammen. Dieser Tag wird zum Día de Canarias, dem kanarischen Feiertag.

1986: Die Kanaren erhalten nach dem Beitritt Spaniens zur damaligen Europäischen Gemeinschaft einen Sonderstatus.

1989: Die Inseln bekommen ihre zweite Universität, die Universidad de Las Palmas.

1991: Die Canarios stimmen der Vollmitgliedschaft in der Europäischen Gemeinschaft zu. 1993 sind die Kanarischen Inseln vollständig in die Europäische Union eingegliedert.

2002: Auch auf den Kanaren löst der Euro die Peseta als Währung ab.

Seit 2005: Die Inseln werden zunehmend Ziel von Bootsflüchtlingen aus Afrika.

2013: Ein touristisches Rekordjahr wird vermeldet; knapp elf Mio. Touristen lassen fast zwölf Mrd. Euro auf den Inseln.

2014: König Felipe VI. wird neuer König von Spanien. Sein Vater Juan Carlos behält den Königstitel auf Lebenszeit.

2015: Neuer Präsident der Kanarischen Inseln wird Fernando Clavijo von der Regionalpartei Coalición Canaria.

Kinder

Spanier sind generell kinderfreundlich. Auf den Inseln locken die vielen Strände, aber auch Kameltouren und Vergnügungsparks. Letzteres gilt besonders für Teneriffa. Adressen sind auf den Infoseiten der entsprechenden Ortschaft aufgeführt.

Öffnungszeiten

Kernöffnungszeiten sind von 8.00 bis 12.30 und von 15.30 bis 19.00 Uhr. Die Mittagspause (Siesta) wird in der Regel streng eingehalten. Anders ist es den großen Touristenzentren, wo viele Geschäfte sogar bis 22.00 Uhr durchgängig geöffnet sind.

Reisezeit und Wetter

Auf den **Inseln des ewigen Frühlings** herrscht immer Saison: Im Sommer ist es erträglich heiß, im Winter behaglich warm, auch wenn die letzten Jahre nicht mehr ganz so beständig waren. An der Küste werden 17 bis 24 °C im Winter sowie 27 bis 30 °C im Sommer gemessen. Selbst in Winternächten fällt das Thermometer selten unter 15 °C. Für das Bergland gilt die Regel: Pro hundert Höhenmeter jeweils ein Grad von der Küstentemperatur abziehen.

Ebenso ausgeglichen zeigen sich die **Wassertemperaturen,** die meist zwischen 18 und 24 °C liegen. Schwimmen ist also zu jeder Jahreszeit möglich – auch wenn man sich im Winter wegen des Windes danach gern in seinen Bademantel hüllt.

Wolken sammeln sich fast immer im Gebirge und im Norden an, die Strände im Süden oder auch Westen, wie etwa auf La Palma, bleiben in aller Regel verschont. Der meiste **Regen** fällt daher jeweils im zentralen und nördlichen Teil der Inseln. Aber mehr als sechs regnerische Tage pro Monat werden selbst dort nicht verzeichnet.

Statistiker zählen für die sonnigen Seiten der Inseln 300 bis 330 **Sonnentage** im Jahr. Für diese bemerkenswerte Wetterkonstanz ist der **Nordostpassat** verantwortlich, ausgelöst durch die Erwärmung über dem Karibischen Meer, und der jahrein, jahraus den gleichen Weg nimmt und so die Kanarischen Inseln mit dem beliebten Immer-Frühling-Klima beglückt. Für die Hauptwetterlage gibt es nur eine Ausnahme: Wenn im Juli und Aug. für ein paar Tage der Scirocco heiße Luft von der nahen Sahara herüber bläst. Dann wird es sehr staubig, und das Thermometer steigt auch mal über die 40-Grad-Marke.

Ältere Gäste bevorzugen die Monate Nov. bis Febr., Wanderer wegen der Blütenpracht den Frühling, Baderatten frönen der Strandlust von Juni bis Aug., und der Herbst ist ideal, wenn man den mitteleuropäischen Sommer etwas verlängern und Massenziele wie das turbulente Playa del Inglés einmal von einer etwas ruhigeren Seite erleben möchte.

Souvenirs

Billige T-Shirts und Taschen, Fake-Uhren und Zehn-Euro-Jeans gibt es auf vielen Märkten. Wer aber seinen Lieben Zuhause oder sich selbst etwas Typisches mitbringen möchte, sollte sich einmal in einen Laden der „Fedac" begeben. Die Stiftung fördert die Wiederbelebung und Entwicklung des kanarischen Kunsthandwerks. Hier wird dem Kunden allerlei erklärt und auf faire Preise wert gelegt, denn die „Fedac" ist eine nicht gewinnorientierte Institution. Das Geld kommt dort an, wo es auch hin soll: bei den Handwerkern, die nach traditionellen Verfahren Artesanías herstellen – Keramiken, Korbwaren, Webarbeiten oder Musikinstrumente „made in Gran Canaria" statt „made in China". Eine Besonderheit sind die aus Horn, Silber und Keramik gearbeiteten Bananenmesser. Die Cuchillos canarios werden vor allem in Guía auf Gran Canaria hergestellt. Auch die Timple, die kanarische Mini-Gitarre, die aus Teguise auf Lanzarote kommt, ist etwas ganz besonderes.

Lohnend ist auch der Besuch einer Apotheke oder Drogerie, um das eine oder andere Aloe-Produkt kanarischer Herstellung zu erstehen. Die Aloe sieht aus wie ein Kaktus, gehört aber zu den Liliengewächsen. Ihre Bestandteile gelten als entzündungshemmend und regenerierend. Bereits in der Antike wurde die Aloe-Pflanze wegen ihrer Heilkraft verwendet. Aloe Vera Productos de las Islas Canarias gibt es zum Beispiel als Haarschampoo und Sonnenmilch mit vorbeugender, aber auch heilender Wirkung bei Sonnenbrand.

Auf jeden Fall zu empfehlen ist auch der Weg in einen Lebensmittelladen. Dort gibt es die leckeren Mojos, rote, grüne und weiße Knob-lauchsaucen, die zu den kanarischen Kartoffeln gereicht werden. Mit den exzellenten, in Fläschchen gefüllten Saucen lassen sich Papas arrugadas leicht daheim nachkochen. Darüber hinaus sind noch gut und günstig: Miel de Palma u. a., Dattelpalmhonig, Rum, Tabak und Meersalz von La Palma.

Sport

Bei so viel Küste und permanent gutem Wetter liegt es natürlich auf der Hand: Wassersport steht im Zentrum. Ob es nun Schwimmen und Schnorcheln oder Surfen, Kiten und Segeln ist. Tauchen, Wellenreiten und Hochseeangeln sind weitere Möglichkeiten, das kühle Nass zu sportiven Zwecken zu nutzen. Natürlich stehen auch zu Lande viele Sportarten zur Auswahl: Man wandert, radelt oder reitet, letzteres auch auf Dromedaren und Eseln. Man fliegt (Paragliding) oder spielt den Ball bei Golf und Tennis. Hotelgäste schlagen auf ihren Anlagen fast immer kostenfrei auf oder bekommen häufig eine Green-Fee-Ermäßigung. Nützliche Informationen und Preise findet man auf diesen Internetseiten:

Golf: www.fuerteventuragolfclub.com
Hochseeangeln: www.bluewater-fishing-team.de
Mountainbiken: www.bikenfun.de
Paragliding: www.paragliding365.com
Reiten: www.ihoppers.com
Segeln: www.master-yachting.de
Surfen, Kiten, Wellenreiten: www.surfers-island.es
Tauchen: www.4dive.org
Tennis: www.tennisfuerte.info
Wandern: www.natour-trekking.com

Gran-Canaria-Blick auf die beiden Berge Roque Nublo und Roque Bentayga

Sprache

Die Landessprache ist Spanisch. In den Ferienzentren gelten Englisch und zuweilen auch Deutsch aber beinahe schon als Verkehrssprachen. Auf dem Land, vor allem im Gebirge, ist es jedoch von großem Vorteil, wenn man ein paar Brocken Spanisch beherrscht.

Telefon und Internet

Die **Ländervorwahl** für Telefonate aus dem Ausland nach Spanien ist 0034; anschließend wählt man die gewünschte Telefonnummer. Das Handy funktioniert fast überall, von manchen Bergregionen einmal abgesehen. Die Ländervorwahl für Deutschland lautet 0049.
Die wichtigsten **Notrufnummern:**
Allgemeiner Notruf Tel. 112
Feuerwehr Tel. 085
Polizei Tel. 062
Konsulat (Deutschland) Tel. 928 49 18 80
Mittlerweile haben einige, aber lange noch nicht alle Hoteliers erkannt, dass **WiFi** (WLAN) zur Zimmergrundausstattung gehört, wie inzwischen das TV-Gerät. Herumgesprochen hat sich zudem noch nicht, dass die Nutzung auch kostenfrei sein sollte. Dies ist häufig nur in ausgewiesenen Zonen des Hotels der Fall, wo dann alle zusammenkommen und das Netz so langsam wie eine Schnecke wird. Viele Restaurants, Bars und Cafés haben das erkannt und locken mit kostenfreiem und schnellem WiFi.

Verkehrsmittel

Auto: Ein Mietwagen macht das Reisen auf den Inseln leicht und bequem. Ohne Wartezeiten und unabhängig kann jeder sein individuelles Programm planen. Die enorme Auswahl an Autos und Mietwagenfirmen sorgt dafür, dass die Preise günstig und stabil sind. Bei Auto Europe (Tel. 0800 560 03 33 oder online unter www.autoeurope.de) zum Beispiel können Mietwagen auf den sechs größten Inseln (außer El Hierro) angemietet werden (ab 150 € pro Woche; in der Nebensaison um 10 % bis 20 % reduziert). Haftungsbegrenzung im Schadensfall (CDW) und Diebstahlschutz sind nur mit Selbstbeteiligung zu haben.
Die Straßen sind gut. Die Fahrtzeiten dauern stets länger als man für gewöhnlich kalkulieren würde. Besonders im Inselinneren sollte immer damit gerechnet werden, dass man in einer Stunde reiner Fahrtzeit maximal 40 bis 50 km weit kommt.
Ein Liter Benzin kostet knapp 1,25 €, ein Liter Diesel etwa 1,10 € (2016). Maut- oder Autobahngebühren fallen nicht an.

Motorrad: Maschinen aller Größen stehen ebenfalls zur Verfügung, sind aber vergleichsweise teuer: Unter 80 bis 100 € pro Tag geht kaum etwas.
Bus: Das Busnetz ist billig und gut ausgebaut. Die Guaguas bedienen fast jede Ortschaft, allerdings gilt: Je abgelegener der Ort umso magerer ist die Frequenz und ab etwa 19.00 Uhr ist Feierabend für die Fahrer.
Taxi: Dann bleiben – ohne Mietwagen – nur noch die Droschken, die zu ähnlichen Preisen wie in Deutschland unterwegs sind.
Flug: Reger Flugverkehr herrscht zwischen den Kanarischen Inseln: Die großen werden zuweilen zweistündlich untereinander bedient, einmal tgl. ist das Minimum. Die Flugzeiten liegen bei max. 45 Min., wenn man nicht umsteigen muss, wie häufig in Teneriffa-Nord. Ab 30 € pro Strecke, z. B. Gran Canaria–Tenerife Norte (www.bintercanarias.com).
Fähre: Der Verkehr zwischen den Inseln ist mit Schiffen wesentlich zeitintensiver mit bis zu 8 Std. für eine Passage. Lohnend ist die Fähre von Playa Blanca auf Lanzarote nach Corralejo auf Fuerteventura: etwa 20 € pro Strecke, plus ab 15 € fürs Auto (30 Min. Fahrtzeit, tgl. sieben Mal; www.fredolsen.es).
Zur Information, falls es mal am Schalter zu Irritationen kommen sollte: Die Fähr- und Flugtickets der Inselbewohner werden zu 50 Prozent subventioniert; sie zahlen also nur die Hälfte.

Beispiel für eine gelungene Tourismussiedlung: Puerto de Mogán auf Gran Canaria

Register

Impressum

1. Auflage 2016
© DuMont Reiseverlag, Ostfildern

Verlag: DuMont Reiseverlag, Postfach 3151, 73751 Ostfildern, Tel. 0711 45 02 0,
Fax 0711 45 02 135, www.dumontreise.de
Geschäftsführer: Dr. Thomas Brinkmann, Dr. Stephanie Mair-Huydts
Programmleitung: Birgit Borowski
Redaktion: Horst Keppler
Text: Jochen Müssig, München
Exklusiv-Fotografie: Gerald Hänel, Hamburg
Titelbild: Andreas Hub/laif (Playa Honda, Lanzarote)
Zusätzliches Bildmaterial: DuMont Bildarchiv/Sabine Lubenow (S. 22/23,
32 u.), Huber Images/Olimpio Fantuz (S. 41, 44 l.), Huber Images/Katja Kreder
(S.49 u.l.), Huber Images/Reinhard Schmid (S. 49 o.l., 101 u.), iStockphoto
(Freisteller S. 5, 21, 37, 55, 71, 80, 85, 110, 111, 115), Horst Keppler (S. 20 r.), laif/
Martin Kirchner (S. 31), LOOK-foto/Jürgen Richter (S. 48)
© VG Bildkunst, Bonn 2016 (Seiten 18/19, 58, 62, 63)
Grafische Konzeption, Art Direktion und Layout:
fpm factor product münchen
Cover Gestaltung: Neue Gestaltung, Berlin
Kartografie: © MAIRDUMONT GmbH & Co. KG, Ostfildern
DuMont Bildarchiv: Marco-Polo-Straße 1, 73760 Ostfildern,
Tel. 0711 45 02-266, Fax 0711 45 02-1006, bildarchiv@mairdumont.com

Für die Richtigkeit der in diesem DuMont Bildatlas angegebenen Daten –
Adressen, Öffnungszeiten, Telefonnummern usw. – kann der Verlag keine
Garantie übernehmen. Nachdruck, auch auszugsweise, nur mit vorheriger
Genehmigung des Verlages. Erscheinungsweise: monatlich.

Anzeigenvermarktung: MAIRDUMONT MEDIA, Tel. 0711 45 02-333,
Fax 0711 4502-10 12, media@mairdumont.com, http://media.mairdumont.com
Vertrieb Zeitschriftenhandel: PARTNER Medienservices GmbH, Postfach
810420, 70521 Stuttgart, Tel. 0711 72 52-212, Fax 0711 72 52-320
Vertrieb Abonnement: Leserservice DuMont Bildatlas,
Zenit Pressevertrieb GmbH, Postfach 810640, 70523 Stuttgart,
Tel. 0711 72 52 265, Fax 0711 72 52 333, dumontreise@
zenit-presse.de
Vertrieb Buchhandel und Einzelhefte: MAIRDUMONT
GmbH & Co. KG, Marco-Polo-Straße 1, 73760 Ostfildern,
Tel. 0711 45 02-0, Fax 0711 45 02-340
Reproduktionen: PPP Pre Print Partner GmbH & Co. KG, Köln
Druck und buchbinderische Verarbeitung:
NEEF + STUMME premium printing GmbH & Co. KG, Wittingen,
Printed in Germany

FSC
www.fsc.org
MIX
Papier aus ver-
antwortungsvollen
Quellen
FSC® C001857

Vorschau

Es gibt sie selbst auf Mallorca, einsame Buchten, in denen man die herrliche Natur (fast) für sich allein hat.

In Wiesbaden versteht man zu leben und zu genießen – ein Schwatz am Abend gehört unbedingt dazu.

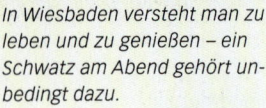

Wiesbaden
Rheingau

Stadt der Superlative
Technik, Architektur, Sport und Kultur oder auch Kulinarisches, nahezu in jedem Bereich hat Wiesbaden Außergewöhnliches zu bieten – lassen Sie sich überraschen ...

Picknick und Kunsterlebnis
Die Winzer im Rheingau offerieren weit mehr als nur gute Weine.

Ungewöhnliche Domizile
Wie wäre es mit einer Übernachtung im Weinfass, in einem alten Bahnhof oder doch lieber in einem historischen Luxushotel?

Mallorca

Vamos a la Playa
Die Partystände von Palma und S'Arenal sind nicht jedermanns Sache. Aber es gibt tolle Strandalternativen von karibisch-paradiesisch bis wild-romantisch.

Natur pur
Mallorca ist ein Paradies für Wanderer und Radler. Folgen Sie unseren Tourenvorschlägen auf der Lieblingsinsel der Deutschen.

Essen mit Aussicht
Frischer Fisch, ein Glas Wein und Meerblick, die Lieblingsadressen unseres Autors.

www.dumontreise.de